# Pour comprendre

# LES MATHS

**Adapté au programme marocain**

PROGRAMME 2020

**6e**
CYCLE 3

Ce fichier appartient à

........................................

........................................


N. Bramand
*Professeur des écoles*

S. Delsalle
*Professeur des écoles*

É. Lafont
*Professeur des écoles*

C. Maurin
*Formateur en mathématiques*

D. Peynichou
*Maître formateur*

A. Vargas
*Directeur d'école*



hachette
ÉDUCATION

# Mode d'emploi

Les savoirs mathématiques sont construits et établis à travers des activités d'apprentissage éducatives et selon les étapes suivantes : construction du concept, activités de mathématisation, évaluation formative, consolidation et traitement.
Au cours de l'année scolaire, l'organisation de la construction des savoirs évolue dans le temps.

## Unités 1 à 4

Un seul concept est traité par semaine. Il est présenté sur une double page dans ce fichier.
Durant la semaine, le travail est découpé en cinq séances décrites dans le guide pédagogique :

- Séance 1 : construction du concept
- Séance 2 : activités de mathématisation
- Séance 3 : activités de mathématisation
- Séance 4 : activités d'évaluation
- Séance 5 : activités de consolidation et de traitement

**Calcul mental (séance 4)**
L'élève écrit ici les réponses à cinq items (*cf.* guide pédagogique).

Un encadré pour l'enseignant :
- objectifs d'apprentissage conformes aux programmes ;
- présentation du calcul mental.

**Construction du concept (séance 1)**
Trace écrite des manipulations collectives présentées dans le guide pédagogique.

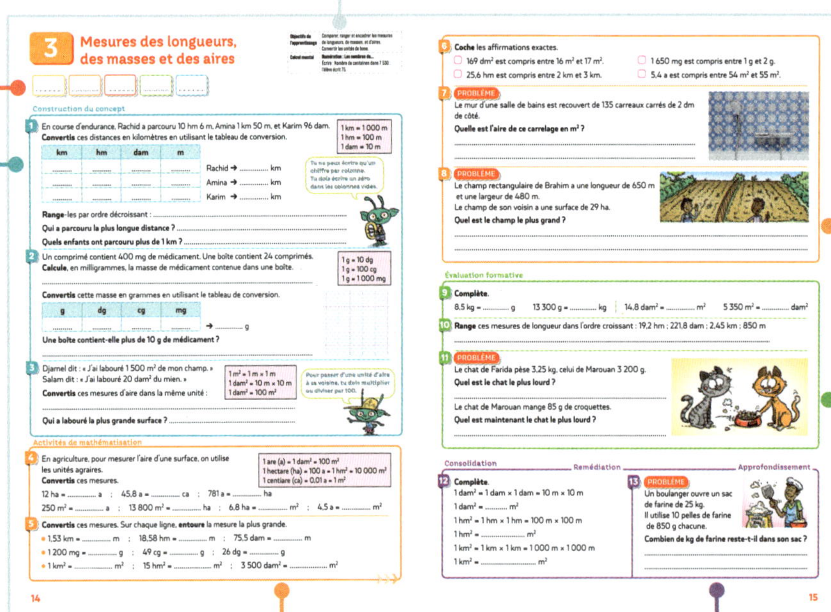


**Activités de mathématisation (séance 3)**
Les problèmes sont signalés par un picto.

**Évaluation formative (séance 4)**
Elle évalue les apprentissages effectifs dans le but de proposer un soutien ciblé ou des activités d'approfondissement.

**Activités de mathématisation (séance 2)**
Mise en pratique individuelle et progressive des outils conceptuels abordés lors de la construction du concept.

**Consolidation (séance 5)**
À partir de l'évaluation formative, proposition d'activités adaptées : **remédiation** et **approfondissement**.

## Unités 5 et 6

Dans les unités 5 et 6, deux concepts sont abordés chaque semaine, chacun étant présenté sur une page.

Une leçon s'effectue en deux séances :

- Séance 1 : construction et mathématisation
- Séance 2 : évaluation et consolidation

La dernière séance de la semaine concerne les deux leçons. Réalisée sur le cahier de l'élève ou l'ardoise, elle est consacrée à la différenciation et à la consolidation.

Un encadré pour l'enseignant :
– objectifs d'apprentissage ;
– présentation du calcul mental.

**Calcul mental (séance 2)**

**Activités de mathématisation (séance 1)**

**Consolidation (séance 2)**

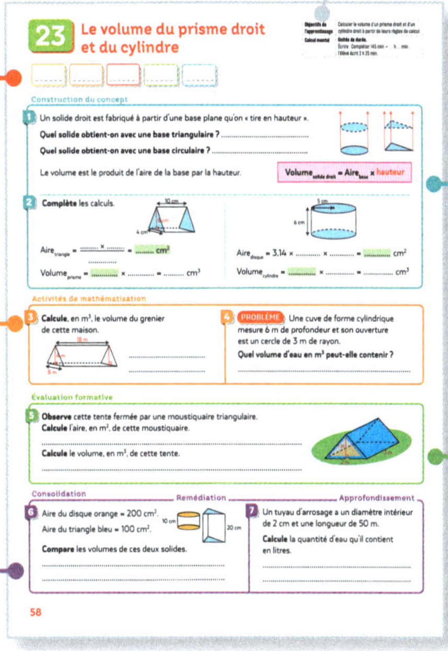


**Construction du concept (séance 1)**

**Évaluation formative (séance 2)**

## Les pages MÉMO

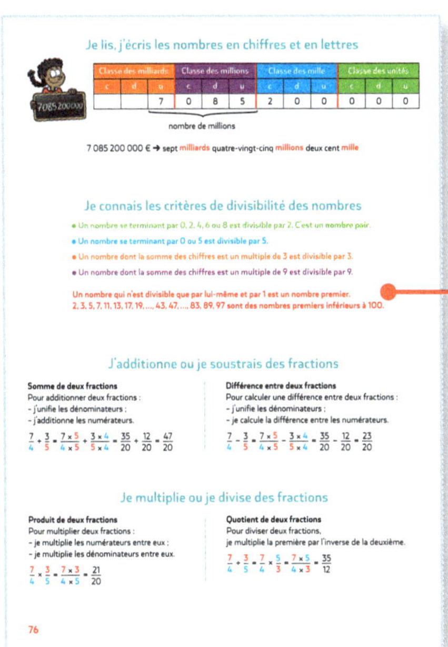


Situées en fin de fichier, ces pages regroupent les notions essentielles.

L'élève pourra s'y référer tout au long de l'année.

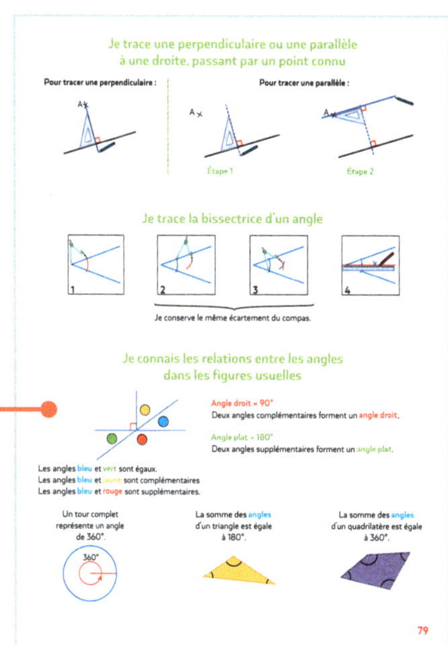

# Les types d'évaluation

## En début d'année : l'évaluation diagnostique

Elle vise à évaluer les acquis des apprenants et à détecter précocement les lacunes et carences dans les différents domaines mathématiques décrits dans les cadres de référence.
L'analyse des réponses des élèves aura pour objectif de faciliter la consolidation et la remédiation.

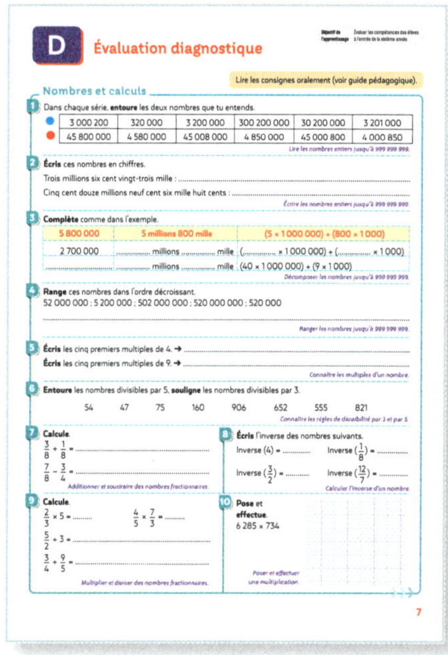

D Évaluation diagnostique

Objectif de l'apprentissage : Évaluer les compétences des élèves à l'entrée de la sixième année

Lire les consignes oralement (voir guide pédagogique).

Nombres et calculs

1 Dans chaque série, **entoure** les deux nombres que tu entends.

| | | | | | | |
|---|---|---|---|---|---|---|
| ● | 3 000 200 | 320 000 | 3 200 000 | 300 200 000 | 30 200 000 | 3 201 000 |
| ● | 45 800 000 | 4 580 000 | 45 008 000 | 4 850 000 | 45 000 800 | 4 000 850 |

*Lire les nombres entiers jusqu'à 999 999 999.*

2 **Écris** ces nombres en chiffres.
Trois millions six cent vingt-trois mille : ..............
Cinq cent douze millions neuf cent six mille huit cents : ..............
*Écrire les nombres entiers jusqu'à 999 999 999.*

3 **Complète** comme dans l'exemple.

| | | |
|---|---|---|
| 5 800 000 | 5 millions 800 mille | (5 × 1 000 000) + (800 × 1 000) |
| 2 700 000 | .......... millions .......... mille | (.......... × 1 000 000) + (.......... × 1 000) |
| .......... | .......... millions .......... mille | (40 × 1 000 000) + (9 × 1 000) |

*Décomposer les nombres jusqu'à 999 999 999.*

4 **Range** ces nombres dans l'ordre décroissant.
52 000 000 ; 5 200 000 ; 502 000 000 ; 520 000 000 ; 520 000
..............
*Ranger les nombres jusqu'à 999 999 999.*

5 **Écris** les cinq premiers multiples de 4. → ..............
**Écris** les cinq premiers multiples de 9. → ..............
*Connaître les multiples d'un nombre.*

6 **Entoure** les nombres divisibles par 5, **souligne** les nombres divisibles par 3.
54 47 75 160 906 652 555 821
*Connaître les règles de divisibilité par 3 et par 5.*

7 **Calcule**.
$\frac{3}{8} + \frac{1}{8} =$ ..............
$\frac{7}{8} - \frac{3}{4} =$ ..............
*Additionner et soustraire des nombres fractionnaires.*

8 **Écris** l'inverse des nombres suivants.
Inverse (4) = .......... Inverse $(\frac{1}{8})$ = ..........
Inverse $(\frac{3}{2})$ = .......... Inverse $(\frac{12}{7})$ = ..........
*Calculer l'inverse d'un nombre.*

9 **Calcule**.
$\frac{2}{3} \times 5 =$ .......... $\frac{4}{5} \times \frac{7}{3} =$ ..........
$\frac{5}{2} \div 3 =$ ..............
$\frac{3}{4} \div \frac{9}{5} =$ ..............
*Multiplier et diviser des nombres fractionnaires.*

10 **Pose** et **effectue**.
6 285 × 734
*Poser et effectuer une multiplication.*

7

## Dans chaque leçon : l'évaluation formative

Elle a pour but de diagnostiquer la maîtrise des nouveaux concepts abordés dans la leçon, afin d'identifier les points forts et ceux à renforcer.
Ces exercices reprennent les compétences abordées dans la leçon.

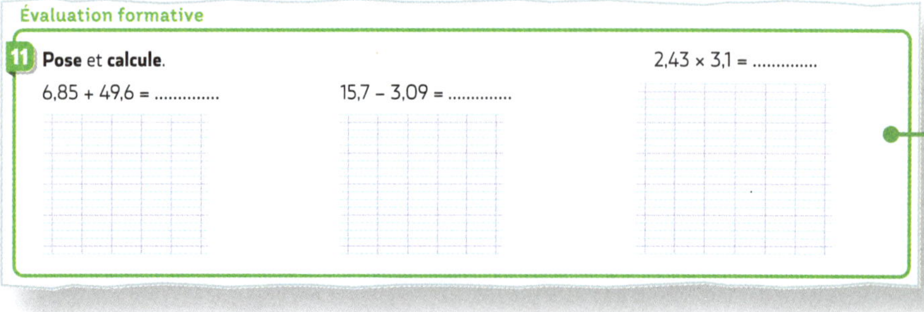

Évaluation formative

11 **Pose** et **calcule**.
6,85 + 49,6 = ..............
15,7 – 3,09 = ..............
2,43 × 3,1 = ..............

Évaluation formative

# L'évaluation sommative

Elle est proposée à deux moments de la progression : à la fin de chaque unité et à la fin de chaque semestre.
Elle vise à vérifier le résultat réel de l'apprentissage et le degré d'acquisition des compétences.

## ▶ En fin d'unité

Sur une page, elle permet de faire le bilan sur les acquisitions de l'unité. La page suivante propose des pistes de consolidation ainsi qu'une synthèse des principaux apprentissages.

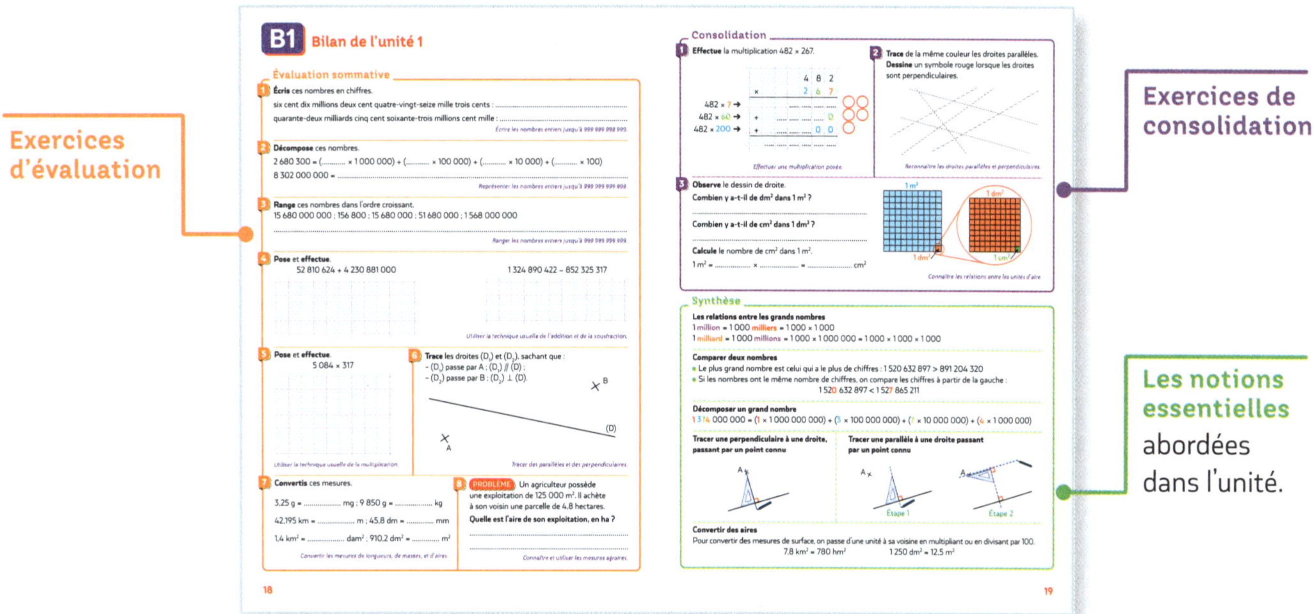


## ▶ En fin de semestre

Organisée par domaines mathématiques, elle permet de faire le bilan sur les acquisitions du semestre.
Pour chaque domaine, un tableau permet de rassembler les résultats de l'élève.

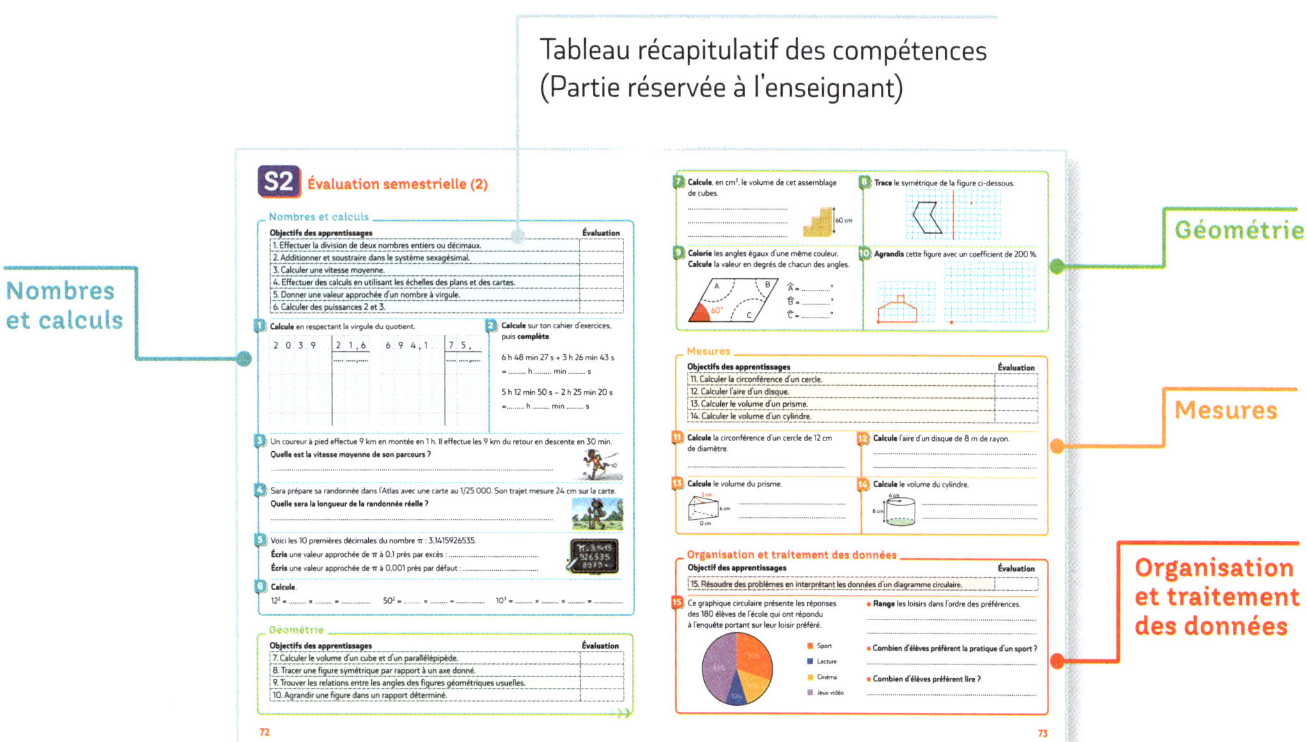

# Sommaire

Nombres et calculs
Organisation et traitement des données
Géométrie
Mesures

# D Évaluation diagnostique

| Objectif de l'apprentissage | Évaluer les compétences des élèves à l'entrée de la sixième année. |
| --- | --- |

Lire les consignes oralement (voir guide pédagogique).

## Nombres et calculs

**1** Dans chaque série, **entoure** les deux nombres que tu entends.

| | | | | | | |
| --- | --- | --- | --- | --- | --- | --- |
| ● (bleu) | 3 000 200 | 320 000 | 3 200 000 | 300 200 000 | 30 200 000 | 3 201 000 |
| ● (rouge) | 45 800 000 | 4 580 000 | 45 008 000 | 4 850 000 | 45 000 800 | 4 000 850 |

*Lire les nombres entiers jusqu'à 999 999 999.*

**2** **Écris** ces nombres en chiffres.

Trois millions six cent vingt-trois mille : ..........................................

Cinq cent douze millions neuf cent six mille huit cents : ..........................................

*Écrire les nombres entiers jusqu'à 999 999 999.*

**3** **Complète** comme dans l'exemple.

| 5 800 000 | 5 millions 800 mille | $(5 \times 1\,000\,000) + (800 \times 1\,000)$ |
| --- | --- | --- |
| 2 700 000 | ................ millions ................ mille | (................ × 1 000 000) + (................ × 1 000) |
| ................................ | ................ millions ................ mille | $(40 \times 1\,000\,000) + (9 \times 1\,000)$ |

*Décomposer les nombres jusqu'à 999 999 999.*

**4** **Range** ces nombres dans l'ordre décroissant.

52 000 000 ; 5 200 000 ; 502 000 000 ; 520 000 000 ; 520 000

..........................................

*Ranger les nombres jusqu'à 999 999 999.*

**5** **Écris** les cinq premiers multiples de 4. → ..........................................

**Écris** les cinq premiers multiples de 9. → ..........................................

*Connaître les multiples d'un nombre.*

**6** **Entoure** les nombres divisibles par 5, **souligne** les nombres divisibles par 3.

54 47 75 160 906 652 555 821

*Connaître les règles de divisibilité par 3 et par 5.*

**7** **Calcule.**

$\frac{3}{8} + \frac{1}{8} =$ ..........................................

$\frac{7}{8} - \frac{3}{4} =$ ..........................................

*Additionner et soustraire des nombres fractionnaires.*

**8** **Écris** l'inverse des nombres suivants.

Inverse (4) = .............  Inverse $\left(\frac{1}{8}\right)$ = .............

Inverse $\left(\frac{3}{2}\right)$ = ...........  Inverse $\left(\frac{12}{7}\right)$ = .............

*Calculer l'inverse d'un nombre.*

**9** **Calcule.**

$\frac{2}{3} \times 5 =$ ..........  $\frac{4}{5} \times \frac{7}{3} =$ ..........

$\frac{5}{2} \div 3 =$ ..........................................

$\frac{3}{4} \div \frac{9}{5} =$ ..........................................

*Multiplier et diviser des nombres fractionnaires.*

**10** **Pose** et **effectue**.

6 285 × 734

*Poser et effectuer une multiplication.*

**11** **Calcule** en tenant compte des parenthèses.

3 × (2 + 7) = ..........................................................

(6 – 2) × 5 = ..........................................................

(5 + 3) × (9 – 4) = ..................................................

*Connaître les propriétés de la multiplication.*

**12** **Écris** sous forme d'un produit, puis **calcule**.

$6^2$ = .......................................................... = ............

$2^3$ = .......................................................... = ............

*Décomposer les puissances 2 et 3 en produits.*

**13** **Pose** et **effectue**.

31,8 + 8,94

62 – 9,27

6,38 × 5,2

×

+

=

*Additionner, soustraire et multiplier des nombres décimaux.*

**14** **Calcule** le quotient exact.

| 2 6 8 | 5 |
|---|---|
| | |

*Calculer le quotient décimal de deux nombres entiers.*

**15** **PROBLÈME** Un gâteau de 200 g contient 40 g de beurre. **Calcule** le pourcentage de beurre dans ce gâteau.

..........................................................................................

..........................................................................................

*Calculer un pourcentage.*

**16** Un train roule à une vitesse moyenne de 160 km/h. **Complète** ce tableau.

| **Durée (h)** | 1 | $\frac{1}{2}$ | 2 | 5 |
|---|---|---|---|---|
| **Distance (km)** | .......... | .......... | .......... | .......... |

× ........

*Compléter un tableau de nombres proportionnels.*

## Organisation et traitement des données

**17** Voici un graphique qui représente les prix de vente de 5 modèles de smartphones A, B, C, D, E.

**Quel est le modèle le moins cher ?**

..........................................................................

**Quel est le prix du modèle le plus cher ?**

..........................................................................

**Avec le prix du modèle B, combien peux-tu acheter de modèles A ? Justifie** ta réponse.

..........................................................................

..........................................................................

..........................................................................

..........................................................................

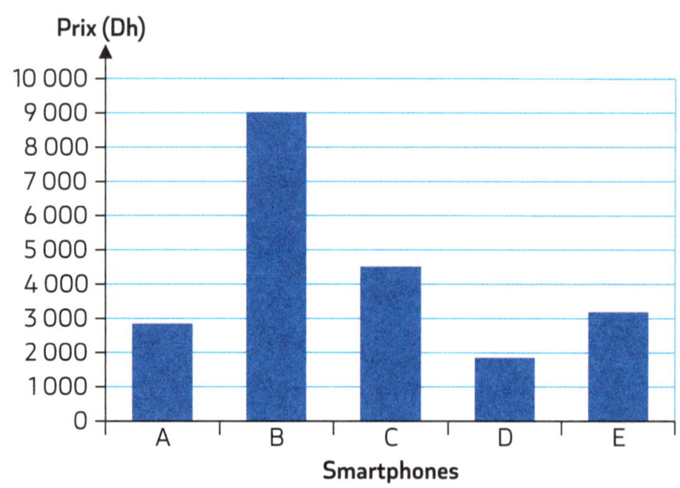


*Lire et interpréter un graphique en colonnes.*

## Mesures

**18** **Complète**.

6,4 km = .............. m | 842 m = .............. dam | 28 dam² = .............. m² | 150 m² = .............. dam²

4,7 dag = .............. g | 1 630 g = .............. kg | 1,8 a = .............. ca | 625 a = .............. ha

10,1 hL = .............. L | 254 L = .............. daL | 2 a = .............. m² | 1 ha = .............. m²

*Convertir et comparer des mesures de longueur, de masse, de capacité et d'aire.*

**19** **Convertis**.

170 min = ......... h ......... min

10 min 50 s = ................... s

135 s = ......... min ......... s

*Convertir des mesures de temps.*

**20** **Pose** et **effectue**, puis **convertis**.

14 min 29 s + 28 min 53 s

= .............................................

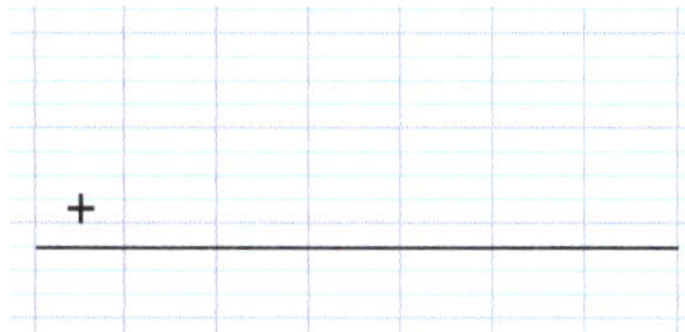


*Additionner des durées.*

**21** **Calcule** l'aire du triangle A et du parallélogramme B.

.............................................................................................

.............................................................................................

.............................................................................................

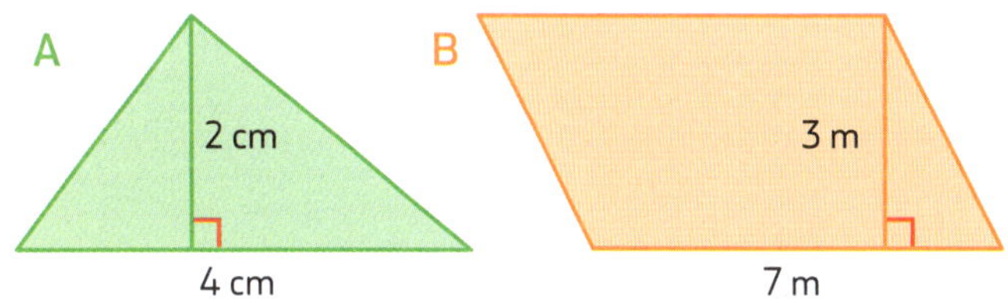


*Calculer l'aire des polygones usuels.*

**22** **Calcule** l'aire latérale et l'aire totale de ce prisme droit.

$A_{Latérale}$ = ..................................................... = ......................................

$A_{Totale}$ = ..............................................................................................

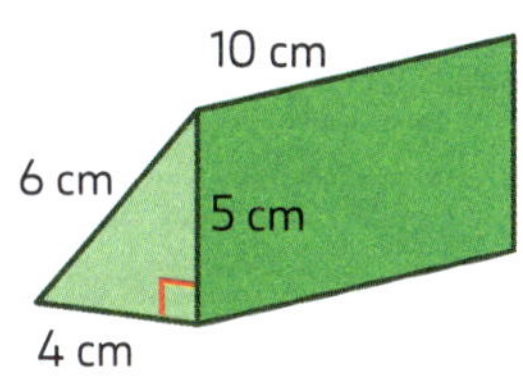


*Calculer l'aire latérale et totale d'un prisme droit.*

## Géométrie

**23** **Trace** le triangle ABC : AC = 4 cm ; BC = 5 cm
**Trace** la hauteur du triangle issue de C.

*Construire un triangle et connaître ses propriétés.*

**24** **Trace** un angle $\widehat{A}$ de 40°.

*Tracer un angle de mesure donnée.*

**25** **Trace** la nouvelle figure en utilisant un coefficient d'agrandissement de 200 %.

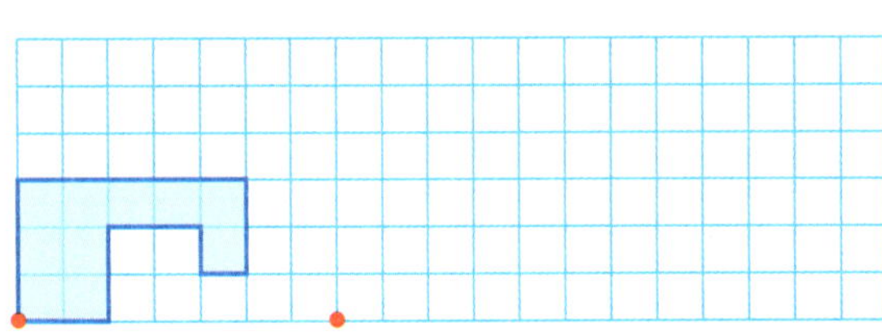

*Réaliser l'agrandissement d'une figure dans un rapport connu.*

**26** **Termine** le tracé de ce parallélogramme.

*Tracer un parallélogramme.*

# 1 Les nombres entiers naturels : les millions et les milliards

| | |
|---|---|
| **Objectifs de l'apprentissage** | Lire, écrire, représenter et ranger les grands nombres : les millions et les milliards. |
| **Calcul mental** | **Dictée de nombres inférieurs à 1 000 000.** Dire : « 6 032 » ; l'élève écrit 6 032. |

............... ............... ............... ............... ...............

## Construction du concept

**1** **Observe** le tableau de numération. **Complète** les noms des colonnes.

| Classe des milliards | | | Classe des millions | | | Classe des milliers | | | Classe des unités | | |
|---|---|---|---|---|---|---|---|---|---|---|---|
| ............ de milliard | ............ de milliard | ............ de milliard | ............ de million | ............ de million | ............ de million | centaine de mille | dizaine de mille | unité de mille | centaine | dizaine | unité |
| | | | | | | | | | | | |
| | | | | | | | | | | | |
| | | | | | | | | | | | |

**Écris** dans le tableau les nombres suivants : 856 342 ; 12 436 950 ; 620 901 230 000.

**2** **Écris** ces nombres en lettres.

12 436 950 : ..........................................................................................................................

..........................................................................................................................

620 901 230 000 : ..........................................................................................................................

..........................................................................................................................

**3** **Souligne** le nombre de millions, **entoure** le chiffre des unités de million :

12 436 950 620 901 230 000

**Souligne** le nombre de milliards, **entoure** le chiffre des unités de milliard : 620 901 230 000

**4** **Range** ces 4 nombres dans l'ordre décroissant.

1 235 629 800 ; 450 289 999 ; 8 700 650 ; 300 000 000 000

..........................................................................................................................

**5** **Encadre** ces nombres entre les deux millions entiers les plus proches :

.......................... < 85 664 799 < .......................... ; .......................... < 620 852 396 < ..........................

## Activités de mathématisation

**6** **Complète** le tableau suivant.

| | Nombre de milliards | Nombre de millions | Nombre de milliers |
|---|---|---|---|
| 346 523 951 | .............................. | .............................. | .............................. |
| 12 052 897 440 | .............................. | .............................. | .............................. |
| 400 800 300 100 | .............................. | .............................. | .............................. |

**7** **Range** les nombres suivants dans l'ordre croissant.

2 000 000 000 ; 620 000 000 ; 453 000 000 000 ; 9 000 000

..........................................................................................................................

**8** **Complète** avec des nombres de ton choix.

100 000 000 > .................... > 99 000 000 ; 603 000 000 000 > .................... > 600 000 000 000

**9** **Complète** le tableau comme dans l'exemple.

| | |
|---|---|
| 140 200 060 000 | (1 × 100 000 000 000) + (4 × 10 000 000 000) + (2 × 100 000 000) × (6 × 10 000) |
| 650 483 | ........................................................................................................ |
| 9 601 008 000 | ........................................................................................................ |
| 88 342 000 | ........................................................................................................ |

**10** Voici les distances entre le Soleil et des planètes du système solaire.
Terre – Soleil : 149 598 000 km ; Mars – Soleil : 227 937 000 km ;
Venus – Soleil : 107 710 000 km.

**Quelle est la planète la plus proche du Soleil ? la plus éloignée du Soleil ?**

........................................................................................................

........................................................................................................

## Évaluation formative

**11** **Complète** le tableau.

| | |
|---|---|
| 54 080 920 | (.... × 10 000 000) + (.... × 1 000 000) + (.... × 10 000) + (.... × 100) + (.... × 10) |
| 2 450 000 000 | ........................................................................................................ |
| 602 400 005 000 | ........................................................................................................ |

**12** **Compare** les nombres en utilisant les signes **<** ou **>**.

63 481 612 ....... 71 183 444 ; 1 315 840 089 ....... 1 314 257 987 ; 253 410 747 ....... 253 410 812

**13** **Range** ces nombres dans l'ordre décroissant.
1 253 622 981 ; 1 253 687 000 ; 852 631 025 ; 802 587 159

........................................................................................................

**14** **Écris** ce nombre en lettres.

2 315 800 000 : ........................................................................................................

## Consolidation

### Remédiation

**15** **Écris** les nombres en chiffres.
200 000 000 + 60 000 000 + 4 000 000 + 900 000 + 40 000 + 1 000 + 700 + 30 + 5

→ ..............................................

6 000 000 000 + 700 000 000 + 4 000 000 + 600 000 + 2 000 + 400 + 7 → ....................................

deux cent douze millions soixante-quinze mille trois cent quatre-vingts → ..............................................

seize milliards quatre cents millions cent quatre-vingt-quatorze mille cent quinze → ....................................

### Approfondissement

**16** **Écris** le nombre entier précédent et le nombre entier suivant.

| | | | | | |
|---|---|---|---|---|---|
| ........................ | 999 999 | ........................ | ........................ | 999 999 999 | ........................ |

# 2 Les parallèles et les perpendiculaires

| | |
|---|---|
| **Objectifs de l'apprentissage** | Reconnaître et tracer des droites perpendiculaires et parallèles. |
| **Calcul mental** | **Dictée de nombres inférieurs à 1 milliard.** Dire : « deux millions cinq cent mille » ; l'élève écrit 2 500 000. |

............... ............... ............... ............... ...............

Quand deux droites sont **perpendiculaires**, toute droite perpendiculaire à l'une est parallèle à l'autre.
Quand deux droites sont **parallèles**, toute droite perpendiculaire à l'une est perpendiculaire à l'autre.

## Construction du concept

**1** Yacine a tracé 2 droites perpendiculaires ($D_1$) et ($D_2$) avec son équerre.
**Trace** une droite ($D_3$) passant par le point A et perpendiculaire à ($D_1$).
On note ($D_3$) $\perp$ ($D_1$).
**Que peux-tu dire de ($D_2$) et ($D_3$) ?**

.................................................................................................................................

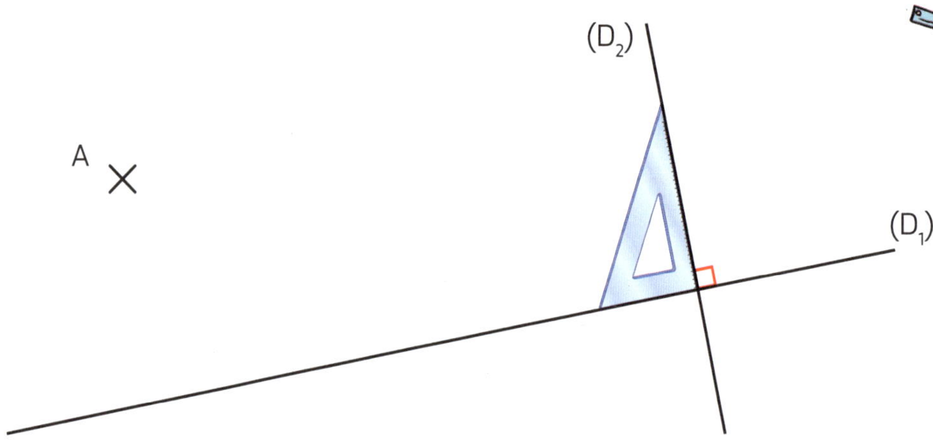


**2** **Trace** une droite ($D_4$) passant par le point A et parallèle à la droite ($D_1$). On note : ($D_4$) // ($D_1$).

## Activités de mathématisation

**3** **Trace** une droite **bleue** perpendiculaire à la droite (D) et qui passe par le point P.

**Trace** une droite **rouge** perpendiculaire à la droite (D) et qui passe par le point M.

**Trace** une droite **verte** parallèle à la droite (D) et qui passe par le point M.

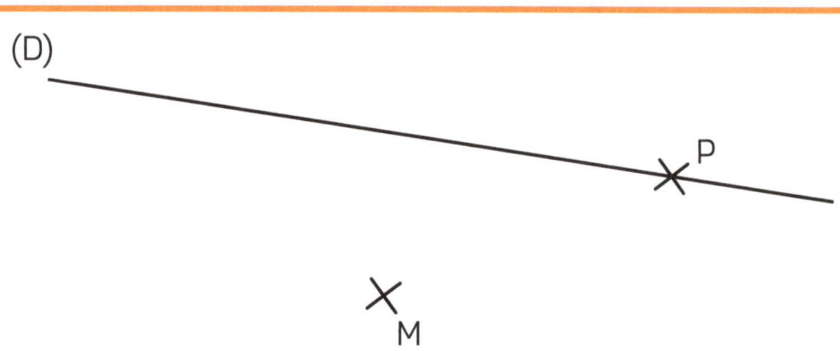


**4** **Trace** la droite (AB).

On note **(AB)** la droite qui passe par le point A et par le point B.

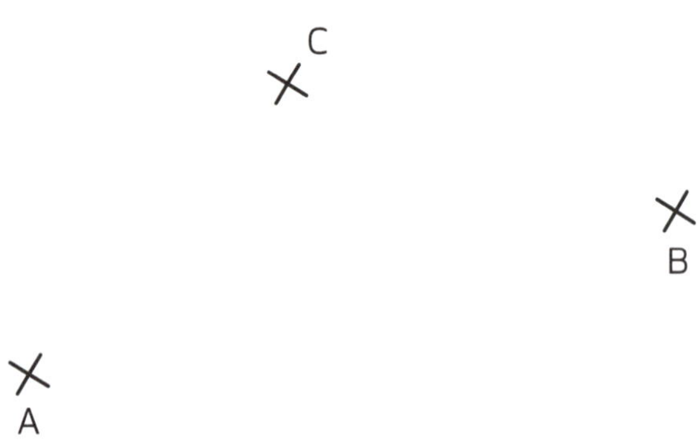


**Trace** en **rouge** la droite perpendiculaire à (AB) et qui passe par le point C.

**Trace** en **bleu** la droite parallèle à (AB) et qui passe par le point C.

**5** Dans un rectangle, deux côtés qui se coupent sont portés par des droites perpendiculaires.
**Que peut-on dire des côtés opposés ?**

..............................................................................

..............................................................................

..............................................................................

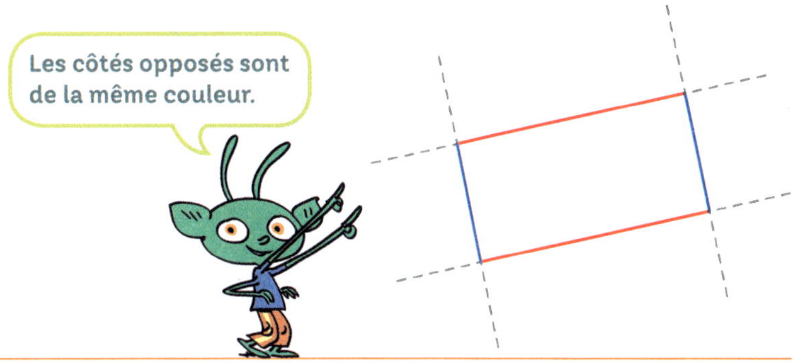


**6** Dans un triangle, une **hauteur** est une droite qui passe par un sommet et qui est perpendiculaire au côté opposé à ce sommet.
Dans le triangle équilatéral ABC :
- **Trace** la hauteur passant par A.
- **Trace** la hauteur passant par B.

Ces deux droites se coupent au point H.
**Vérifie** que la droite (CH) est perpendiculaire à la droite (AB).

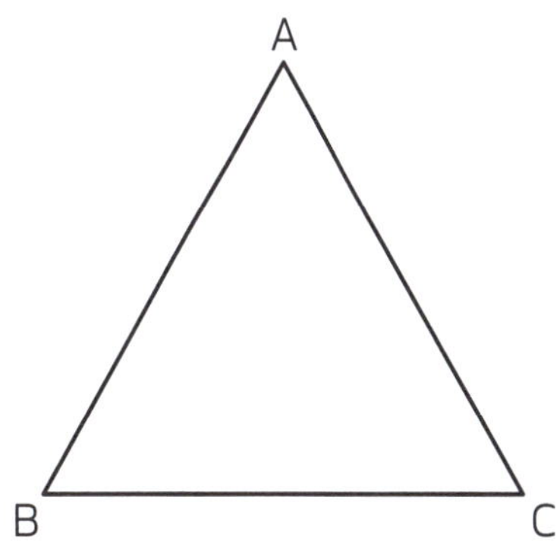


## Évaluation formative

**7** **Trace** deux droites perpendiculaires à (D), l'une passe par A, l'autre passe par B.

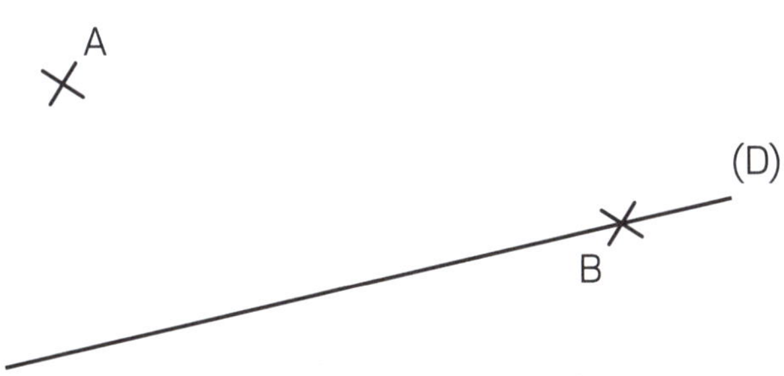


**8** **Trace** deux droites parallèles à (D), l'une passe par M, l'autre passe par P.

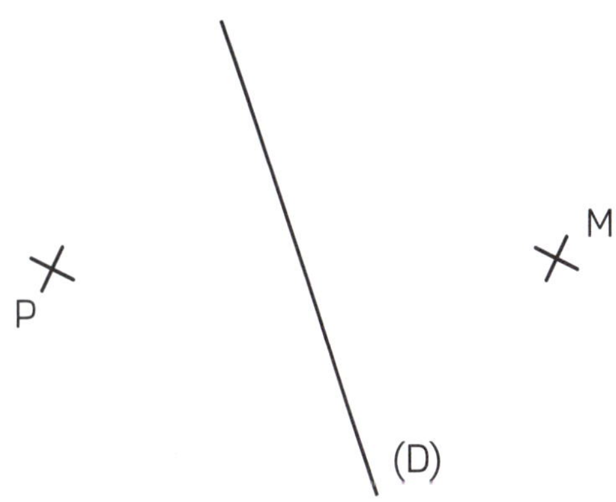


## Consolidation — Remédiation — Approfondissement

**9** **Observe** cette figure et **complète** avec le nom des droites.

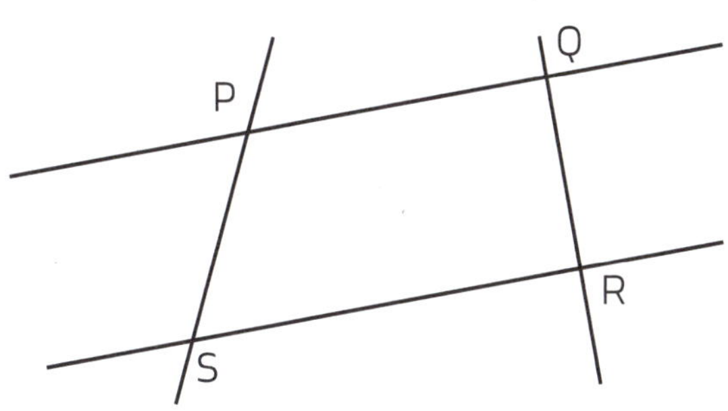


(.......) // (.......) (.......) ⊥ (.......) (.......) ⊥ (.......)

**10** Dans l'hexagone ABCDEF,
(AB) // (DE)
(BC) // (FE)
(CD) // (FA).

**Trace** le point F pour terminer cet hexagone.

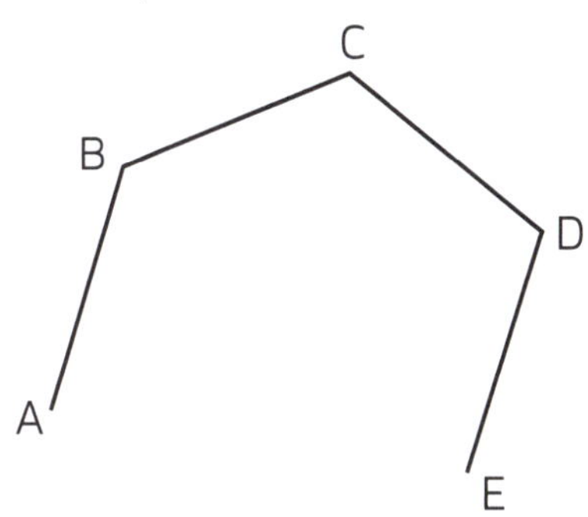

# 3 Mesures des longueurs, des masses et des aires

| | |
|---|---|
| **Objectifs de l'apprentissage** | Comparer, ranger et encadrer les mesures de longueurs, de masses, et d'aires. Convertir les unités de base. |
| **Calcul mental** | **Numération : Les nombres de...** Écrire : Nombre de centaines dans 7 530 ; l'élève écrit 75. |

............... ............... ............... ............... ...............

## Construction du concept

**1** En course d'endurance, Rachid a parcouru 10 hm 6 m, Amina 1 km 50 m, et Karim 96 dam.
**Convertis** ces distances en kilomètres en utilisant le tableau de conversion.

1 km = 1 000 m
1 hm = 100 m
1 dam = 10 m

| km | hm | dam | m |
|---|---|---|---|
| .......... | .......... | .......... | .......... |
| .......... | .......... | .......... | .......... |
| .......... | .......... | .......... | .......... |

Rachid ➔ .............. km
Amina ➔ .............. km
Karim ➔ .............. km

**Range**-les par ordre décroissant : ..........................................................................................

**Qui a parcouru la plus longue distance ?** ..........................................................................

**Quels enfants ont parcouru plus de 1 km ?** ........................................................................

**2** Un comprimé contient 400 mg de médicament. Une boîte contient 24 comprimés.
**Calcule**, en milligrammes, la masse de médicament contenue dans une boîte.

1 g = 10 dg
1 g = 100 cg
1 g = 1 000 mg

..........................................................................................................................

**Convertis** cette masse en grammes en utilisant le tableau de conversion.

| g | dg | cg | mg |
|---|---|---|---|
| .......... | .......... | .......... | .......... |

➔ .............. g

**Une boîte contient-elle plus de 10 g de médicament ?**

..........................................................................................................................

**3** Djamel dit : « J'ai labouré 1 500 $m^2$ de mon champ. »
Salam dit : « J'ai labouré 20 $dam^2$ du mien. »
**Convertis** ces mesures d'aire dans la même unité :

1 $m^2$ = 1 m × 1 m
1 $dam^2$ = 10 m × 10 m
1 $dam^2$ = 100 $m^2$

..........................................................................................................................

**Qui a labouré la plus grande surface ?** ..............................................................

## Activités de mathématisation

**4** En agriculture, pour mesurer l'aire d'une surface, on utilise les unités agraires.
**Convertis** ces mesures.

1 are (a) = 1 $dam^2$ = 100 $m^2$
1 hectare (ha) = 100 a = 1 $hm^2$ = 10 000 $m^2$
1 centiare (ca) = 0,01 a = 1 $m^2$

12 ha = .............. a ; 45,8 a = .............. ca ; 781 a = .............. ha

250 $m^2$ = .............. a ; 13 800 $m^2$ = .............. ha ; 6,8 ha = .............. $m^2$ ; 4,5 a = .............. $m^2$

**5** **Convertis** ces mesures. Sur chaque ligne, **entoure** la mesure la plus grande.

- 1,53 km = .............. m ; 18,58 hm = .............. m ; 75,5 dam = .............. m
- 1 200 mg = .............. g ; 49 cg = .............. g ; 26 dg = .............. g
- 1 $km^2$ = .................... $m^2$ ; 15 $hm^2$ = .................... $m^2$ ; 3 500 $dam^2$ = .................... $m^2$

**6** **Coche** les affirmations exactes.

- ☐ 169 $dm^2$ est compris entre 16 $m^2$ et 17 $m^2$.
- ☐ 25,6 hm est compris entre 2 km et 3 km.
- ☐ 1 650 mg est compris entre 1 g et 2 g.
- ☐ 5,4 a est compris entre 54 $m^2$ et 55 $m^2$.

**7** PROBLÈME

Le mur d'une salle de bains est recouvert de 135 carreaux carrés de 2 dm de côté.

**Quelle est l'aire de ce carrelage en $m^2$ ?**

.............................................................................................................

.............................................................................................................

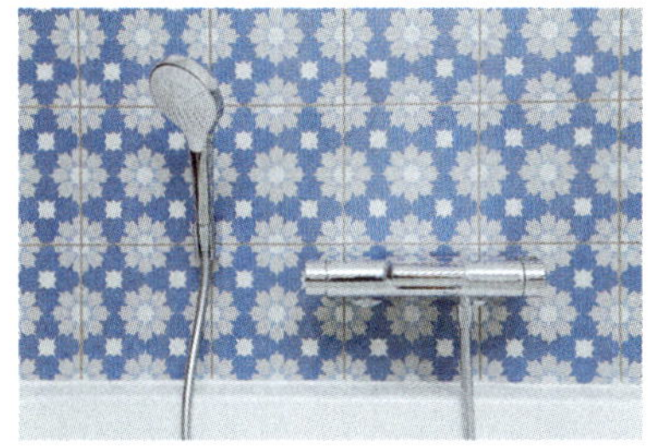

**8** PROBLÈME

Le champ rectangulaire de Brahim a une longueur de 650 m et une largeur de 480 m.
Le champ de son voisin a une surface de 29 ha.

**Quel est le champ le plus grand ?**

.............................................................................................................

.............................................................................................................

## Évaluation formative

**9** **Complète**.

8,5 kg = ............. g   13 300 g = ............. kg | 14,8 $dam^2$ = ............. $m^2$   5 350 $m^2$ = ............. $dam^2$

**10** **Range** ces mesures de longueur dans l'ordre croissant : 19,2 hm ; 221,8 dam ; 2,45 km ; 850 m

.............................................................................................................

**11** PROBLÈME

Le chat de Farida pèse 3,25 kg, celui de Marouan 3 200 g.

**Quel est le chat le plus lourd ?**

.............................................................................................................

Le chat de Marouan mange 85 g de croquettes.

**Quel est maintenant le chat le plus lourd ?**

.............................................................................................................

## Consolidation — Remédiation — Approfondissement

**12** **Complète**.

1 $dam^2$ = 1 dam × 1 dam = 10 m × 10 m

1 $dam^2$ = ........... $m^2$

1 $hm^2$ = 1 hm × 1 hm = 100 m × 100 m

1 $hm^2$ = ..................... $m^2$

1 $km^2$ = 1 km × 1 km = 1 000 m × 1 000 m

1 $km^2$ = ........................... $m^2$

**13** PROBLÈME

Un boulanger ouvre un sac de farine de 25 kg.
Il utilise 10 pelles de farine de 850 g chacune.

**Combien de kg de farine reste-t-il dans son sac ?**

.............................................................................................................

.............................................................................................................

# 4 Les nombres entiers naturels : addition, soustraction, multiplication

| | |
|---|---|
| **Objectifs de l'apprentissage** | Calculer la somme, la différence et le produit des nombres entiers sur la base de la technique usuelle.<br>Trouver les erreurs présentes dans les opérations.<br>Résoudre une situation-problème. |
| **Calcul mental** | **Calcul mental de sommes et de différences entre nombres inférieurs à 100.**<br>Écrire 53 + 8 ; l'élève écrit 61. |

............... ............... ............... ............... ...............

## Construction du concept

**1** **Lis** le tableau ci-dessous.

| Continents | Habitants (2019) |
|---|---|
| Afrique | 1 320 039 000 |
| Europe | 743 103 000 |
| Océanie | 41 826 000 |
| Asie | 4 584 807 000 |
| Amériques | 1 024 802 000 |

**Calcule** le nombre d'habitants de l'Afrique et de l'Europe réunies.
**Pose** l'opération et **effectue**-la.

**Calcule** la différence de population entre l'Afrique et les Amériques.
**Pose** l'opération et **effectue**-la.

**2** PROBLÈME Un avion effectue chaque jour 2 386 km.
Il vole 308 jours par an.
**Combien de kilomètres parcourt-il dans l'année ?**

**Pose** et **effectue** l'opération qui permet de répondre.
**Rédige** une phrase réponse.

..........................................................................................

..........................................................................................

## Activités de mathématisation

**3** **Pose** et **effectue**.

3 274 518 + 5 674 + 124 450

+
+

7 535 670 – 520 792

–

15 306 × 472

×

+
+

**4** **Trouve** la valeur de chaque fruit.

| | | | | | | | |
|---|---|---|---|---|---|---|---|
| | | | 2 | 🍋 | 9 | 🍊 | 1 |
| + | 6 | 🍊 | 4 | 0 | 7 | 0 | 0 |
| + | 2 | 4 | 9 | 🍋 | 3 | 9 | 🍋 |
| | 9 | 3 | 6 | 2 | 0 | 7 | 6 |

🍊 = ............

🍋 = ............

| | | | | | | | |
|---|---|---|---|---|---|---|---|
| | | | 4 | 8 | 0 | 7 | 9 |
| × | | | | | | 5 | 🍋 |
| | | 1 | 4 | 4 | 🍊 | 🍋 | 7 |
| + | 🍊 | 4 | 0 | 🍋 | 9 | 5 | 0 |
| | 🍊 | 5 | 4 | 8 | 1 | 8 | 7 |

🍊 = ............

🍋 = ............

**5** PROBLÈME

La population de Marrakech était de 751 000 habitants en 2003.
Elle est de 1 380 600 habitants en 2019.

**De combien d'habitants a-t-elle augmenté en 16 ans ?**

**Pose** et **effectue** l'opération.
**Rédige** une phrase réponse.

..............................................................................................

## Évaluation formative

**6** **Pose** et **effectue**.

3 108 × 238

**7** PROBLÈME

La Chine est peuplée par 1 400 050 000 habitants.
L'Inde est peuplée par 1 373 056 000 habitants.

**Quelle est la différence de population entre ces deux pays ?**

**Écris** une phrase réponse.

..............................................................................................

..............................................................................................

## Consolidation — Remédiation — Approfondissement

**8** **Barre** les erreurs.
**Corrige**-les dans le cadre rouge.

| | | | | | | | |
|---|---|---|---|---|---|---|---|
| | 9 | 1 | 9 | 4 | 9 | 0 | 2 |
| − | | 8 | 5 | 6 | 1 | 4 | 3 |
| | 9 | 7 | 4 | 2 | 8 | 4 | 1 |
| | | | | | | | |

**9** Cette opération est erronée.
**Corrige**-la.

| | | | | |
|---|---|---|---|---|
| | | 4 | 5 | 2 |
| | × | 2 | 0 | 8 |
| | 3 | 6 | 1 | 6 |
| | 9 | 0 | 4 | 0 |
| 1 | 2 | 6 | 5 | 6 |

| | | | |
|---|---|---|---|
| | 4 | 5 | 2 |
| × | 2 | 0 | 8 |

# B1 Bilan de l'unité 1

## Évaluation sommative

**1** **Écris** ces nombres en chiffres.

six cent dix millions deux cent quatre-vingt-seize mille trois cents : ..........................................................................

quarante-deux milliards cinq cent soixante-trois millions cent mille : ..........................................................................

*Écrire les nombres entiers jusqu'à 999 999 999 999.*

**2** **Décompose** ces nombres.

2 680 300 = (............ × 1 000 000) + (............ × 100 000) + (............ × 10 000) + (............ × 100)

8 302 000 000 = ..........................................................................................................................

*Représenter les nombres entiers jusqu'à 999 999 999 999.*

**3** **Range** ces nombres dans l'ordre croissant.

15 680 000 000 ; 156 800 ; 15 680 000 ; 51 680 000 ; 1 568 000 000

..........................................................................................................................................

*Ranger les nombres entiers jusqu'à 999 999 999 999.*

**4** **Pose** et **effectue**.

52 810 624 + 4 230 881 000

1 324 890 422 – 852 325 317

*Utiliser la technique usuelle de l'addition et de la soustraction.*

**5** **Pose** et **effectue**.

5 084 × 317

*Utiliser la technique usuelle de la multiplication.*

**6** **Trace** les droites ($D_1$) et ($D_2$), sachant que :

- ($D_1$) passe par A ; ($D_1$) // (D) ;
- ($D_2$) passe par B ; ($D_2$) ⊥ (D).

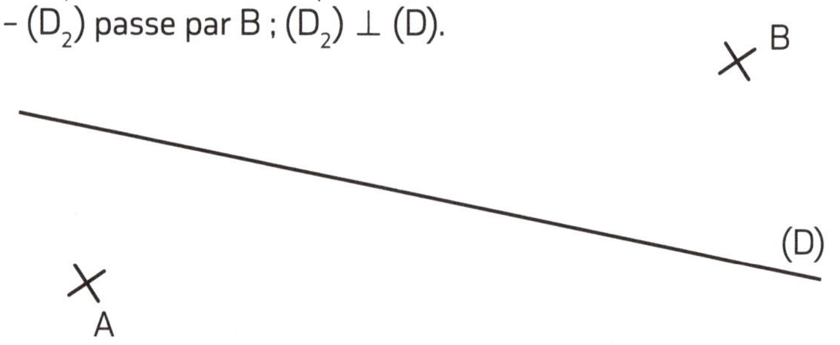


*Tracer des parallèles et des perpendiculaires.*

**7** **Convertis** ces mesures.

3,25 g = .................. mg ; 9 850 g = .................. kg

42,195 km = .................. m ; 45,8 dm = ............. mm

1,4 km² = .................. dam² ; 910,2 dm² = ............. m²

*Convertir les mesures de longueurs, de masses, et d'aires.*

**8** PROBLÈME Un agriculteur possède une exploitation de 125 000 m². Il achète à son voisin une parcelle de 4,8 hectares.

**Quelle est l'aire de son exploitation, en ha ?**

..........................................................................

..........................................................................

*Connaître et utiliser les mesures agraires.*

## Consolidation

**1** **Effectue** la multiplication 482 × 267.

|  |  |  |  |  |  |  |
|---|---|---|---|---|---|---|
|  |  |  |  | 4 | 8 | 2 |
|  | × |  |  | 2 | 6 | 7 |
| 482 × 7 → |  |  | ..... | ..... | ..... | ..... |
| 482 × 60 → | + | ..... | ..... | ..... | ..... | 0 |
| 482 × 200 → | + | ..... | ..... | ..... | 0 | 0 |
|  | ..... | ..... | ..... | ..... | ..... | ..... |

*Effectuer une multiplication posée.*

**2** **Trace** de la même couleur les droites parallèles.
**Dessine** un symbole rouge lorsque les droites sont perpendiculaires.

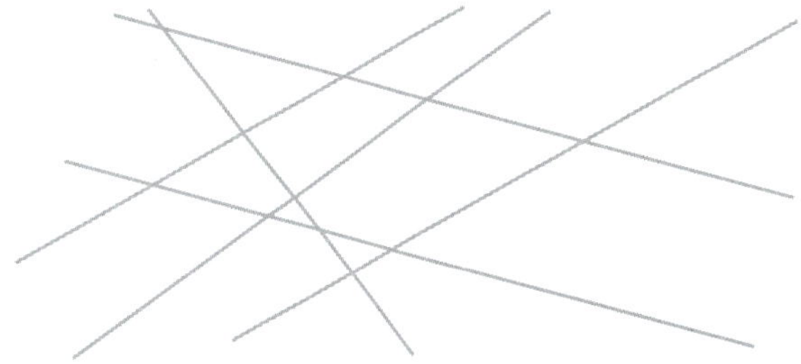

*Reconnaître les droites parallèles et perpendiculaires.*

**3** **Observe** le dessin de droite.

**Combien y a-t-il de $dm^2$ dans 1 $m^2$ ?**

..........................................................................................

**Combien y a-t-il de $cm^2$ dans 1 $dm^2$ ?**

..........................................................................................

**Calcule** le nombre de $cm^2$ dans 1 $m^2$.

1 $m^2$ = .................. × .................... = ...................... $cm^2$

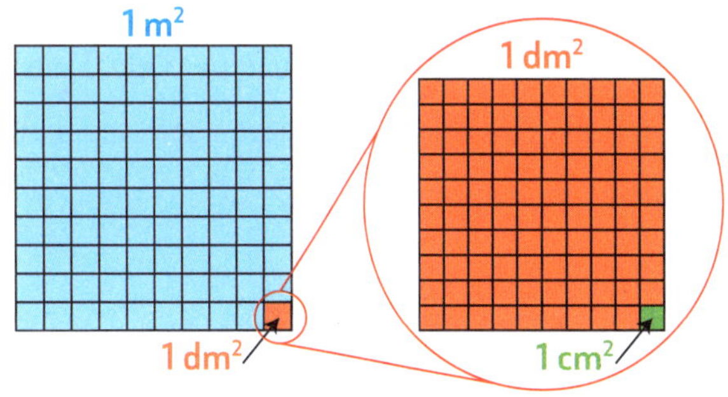


*Connaître les relations entre les unités d'aire.*

## Synthèse

**Les relations entre les grands nombres**

1 million = 1 000 milliers = 1 000 × 1 000

1 milliard = 1 000 millions = 1 000 × 1 000 000 = 1 000 × 1 000 × 1 000

**Comparer deux nombres**

- Le plus grand nombre est celui qui a le plus de chiffres : 1 520 632 897 > 891 204 320
- Si les nombres ont le même nombre de chiffres, on compare les chiffres à partir de la gauche :

1 520 632 897 < 1 527 865 211

**Décomposer un grand nombre**

1 374 000 000 = (1 × 1 000 000 000) + (3 × 100 000 000) + (7 × 10 000 000) + (4 × 1 000 000)

**Tracer une perpendiculaire à une droite, passant par un point connu**

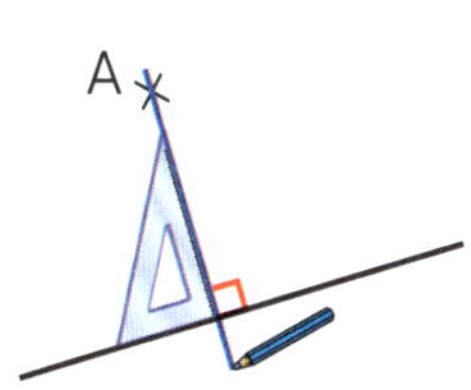


**Tracer une parallèle à une droite passant par un point connu**

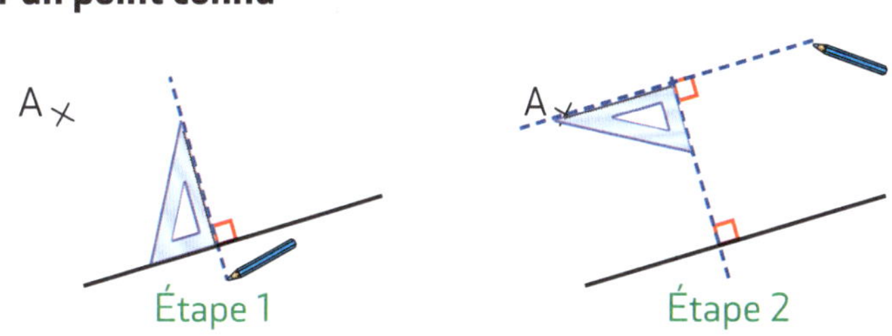


**Convertir des aires**

Pour convertir des mesures de surface, on passe d'une unité à sa voisine en multipliant ou en divisant par 100.

7,8 $km^2$ = 780 $hm^2$ 1 250 $dm^2$ = 12,5 $m^2$

# 5 Multiples et diviseurs Parité et nombres premiers

| | |
|---|---|
| **Objectifs de l'apprentissage** | Reconnaître les multiples et les diviseurs d'un entier naturel. Reconnaître la parité et les nombres premiers plus petits que 100. |
| **Calcul mental** | **Calcul mental de sommes et de différences entre nombres inférieurs à 100.** Écrire 28 + 13 ; l'élève écrit 41. |

## Construction du concept

Pour trouver un multiple de 5, il suffit de multiplier 5 par un nombre entier.

**1** La table de 5 de la multiplication fournit le début de la liste des multiples de 5.

**Trouve** deux multiples de 5 compris entre 30 et 50 : ................................

65 n'est pas dans la table, mais il est un multiple de 5 car 65 = ...... × 5.

**2** **Complète**.

Quand un des facteurs augmente, l'autre diminue.

30 = 1 × ..... = 2 × ..... = 3 × ..... = 5 × .....

30 est donc un multiple de 1, de 2, de 3, de 5, de ......, de ......, de ...... et de ....... .

On peut aussi dire que ces nombres sont les diviseurs de 30, ou que 30 est divisible par ces nombres.

**Cherche** les diviseurs de 18 et de 40 :

18 = 1 × ..... = 2 × ....... = ....... × ........ Diviseurs de 18 : ..................................................

40 = 1 × ..... = 2 × ....... = ....... × ........ = ....... × ........ Diviseurs de 40 : ..................................................

**3** Sans faire de division, **trouve** les nombres compris entre 71 et 89 qui sont divisibles :

- par 2 : ..............................................................
- par 5 : ..............................................................

**Explique** oralement comment tu as procédé.

Les nombres divisibles par 2 sont les nombres pairs. Les nombres qui ne sont pas pairs sont impairs.

Sans faire de division, **trouve** les nombres compris entre 71 et 89 qui sont divisibles :

- par 3 : ..............................................................
- par 9 : ..............................................................

**Explique** oralement comment tu as procédé.

**4** **Cherche** les diviseurs de 13 et de 17 :

13 = ............................ Diviseurs de 13 : .................

17 = ............................ Diviseurs de 17 : .................

Un nombre qui ne possède que deux diviseurs, 1 et lui-même, est appelé un nombre premier.

**Trouve** tous les nombres premiers inférieurs à 20 : ..........................................................................................

## Activités de mathématisation

**5** **Écris** la liste de tous les diviseurs de 48 : ..........................................................................................

**Écris** la liste de tous les diviseurs de 84 : ..........................................................................................

**Écris** des diviseurs communs à 48 et à 84 : ..........................................................................................

**Quel est le plus grand diviseur commun à 48 et à 84 ?**

..........................................................................................................................................

**6** **Barre** les nombres divisibles par 2, puis ceux divisibles par 3, puis par 5 et enfin par 7.

| | | | | | | | | | |
|---|---|---|---|---|---|---|---|---|---|
| 70 | 71 | 72 | 73 | 74 | 75 | 76 | 77 | 78 | 79 |
| 80 | 81 | 82 | 83 | 84 | 85 | 86 | 87 | 88 | 89 |
| 90 | 91 | 92 | 93 | 94 | 95 | 96 | 97 | 98 | 99 |

Les nombres que tu n'as pas barrés sont des nombres premiers.

**7** PROBLÈME

Un bateau A rentre au port tous les 9 jours, un bateau B rentre au port tous les 12 jours.
Aujourd'hui, les deux bateaux sont rentrés ensemble.
**Dans combien de jours rentreront-ils à nouveau ensemble dans ce port ?**

..........................................................................................

..........................................................................................

..........................................................................................

Cherche les premiers multiples de 9 et de 12.

**8** **Barre** les nombres impairs dans la première ligne, puis **calcule** la moitié de chaque nombre pair.

| Nombres de départ | 8 | 19 | 28 | 42 | 63 | 72 | 87 | 90 |
|---|---|---|---|---|---|---|---|---|
| Moitié des nombres pairs | .......... | .......... | .......... | .......... | .......... | .......... | .......... | .......... |

**Recopie** les moitiés divisibles par 2 :

..........................................................................

Si la moitié est divisible par 2, le nombre est divisible par ................ .

**Recopie** les moitiés divisibles par 3 :

..........................................................................

Si la moitié est divisible par 3, le nombre est divisible par ................ .

## Évaluation formative

**9** **Écris** la liste des multiples de 7 compris entre 50 et 80 : ..........................................................

**10** **Complète** les décompositions ci-dessous.

60 = 1 × .......... = 2 × .......... = 3 × .......... = 4 × .......... = 5 × .......... = 6 × ..........

**Écris** la liste de tous les diviseurs de 60.

Diviseurs de 60 : ..........................................................................................

**11** **Souligne** les nombres impairs. **Entoure** les nombres premiers.

6 7 9 16 19 24 31 35

## Consolidation

### Remédiation

**12** **Complète** les égalités suivantes.

24 = 1 × ...... = 2 × ...... = 3 × ...... = 4 × ......

**Écris** la liste de tous les diviseurs de 24.

Diviseurs de 24 : ..........................................................

### Approfondissement

**13** Le nombre 1 est-il un nombre premier ?

- ☐ Oui
- ☐ Non

**Explique** oralement pourquoi.

# 6 Constructions géométriques (1)

| | |
|---|---|
| **Objectifs de l'apprentissage** | Connaître et utiliser les propriétés géométriques du trapèze, du parallélogramme, du triangle et du cercle, pour réaliser des constructions géométriques à l'aide des instruments de mesure géométriques. |
| **Calcul mental** | **Tables de multiplication.** Dire : « 6 × 9 » ; l'élève écrit 54. |

## Construction du concept

**1** Voici des figures géométriques que tu as déjà étudiées.
**Complète** le tableau des propriétés de ces figures.

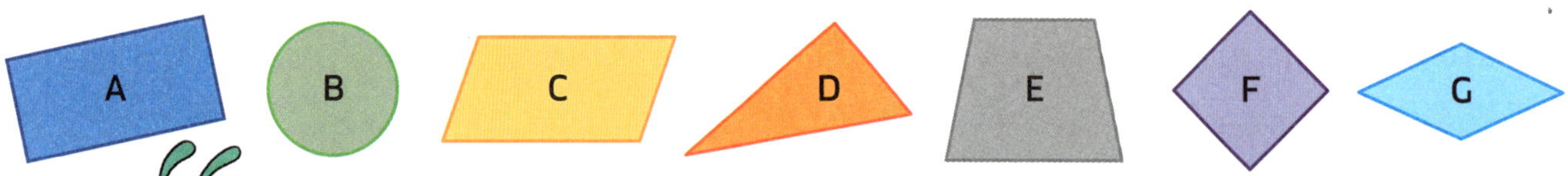

| | Lettre de la figure | Deux côtés opposés parallèles | Côtés opposés parallèles deux à deux | Côtés opposés de même longueur | Les diagonales se coupent en leur milieu | 4 angles droits | Tous les points à la même distance du centre |
|---|---|---|---|---|---|---|---|
| Triangle | ........ | | | | | | |
| Rectangle | ........ | | | | | | |
| Carré | ........ | | | | | | |
| Losange | ........ | | | | | | |
| Parallélogramme | ........ | | | | | | |
| Trapèze | ........ | | | | | | |
| Cercle | ........ | | | | | | |

**2** Sara a tracé deux droites parallèles $(D_1)$ et $(D_2)$.

- Elle a placé un point E sur $(D_1)$ et un point F sur $(D_2)$.
- Elle a tracé la droite (EF).
- Elle a placé un point H sur $(D_1)$.

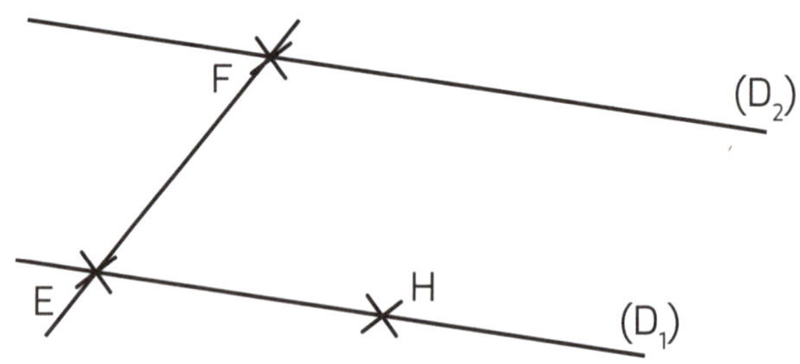


**Continue** la construction de Sara.

- **Trace** la droite parallèle à (EF) qui passe par H.
Elle coupe $(D_2)$ au point G.
- **Trace** un point J sur la droite $(D_1)$ tel que EJ > EH.

**Quelle est la nature des quadrilatères EFGH et EFGJ ?**

..................................................................................................................

..................................................................................................................

## Activités de mathématisation

**3** **Observe** ces deux figures et **complète** avec les noms des segments.

[.......] // [.......]   [.......] // [.......]   [.......] // [.......]

Même longueur : [.......] et [.......]   [.......] et [.......]

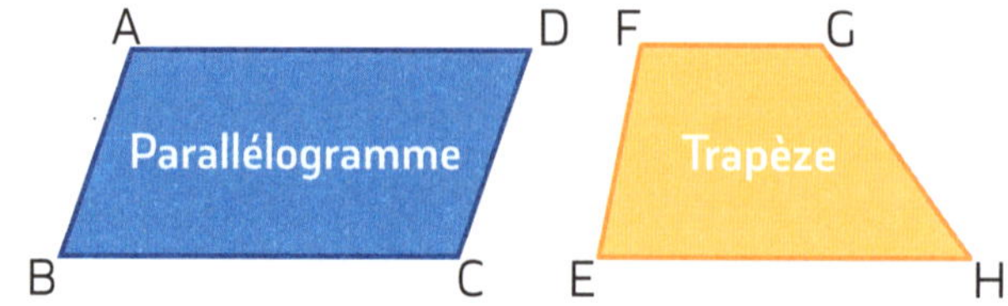

**4** **Effectue** le programme de construction suivant.
- **Trace** le cercle C de centre O et de diamètre [AB].
- **Trace** le triangle OBF : angle $\widehat{O} = 30°$ et OF = 4 cm.
- **Trace** le parallélogramme OAGF.

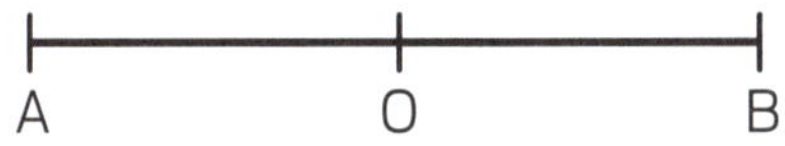


**Le point F est-il situé sur le cercle de centre O et de rayon [OA] ?**

..............................................................................................

**Le point G fait-il partie du disque de centre O et de rayon [OA] ?**

..............................................................................................

**5** En utilisant la méthode de ton choix, **trace** le parallélogramme OQRS.
Le quadrilatère PQTU est un trapèze, avec (PQ) // (TU).
**Trace** le point U tel que l'angle $\widehat{P} = 60°$.
**Trace** le trapèze PQTU.

Le point O est le milieu du segment [PQ].
**Construis** le cercle de centre O et de diamètre [PQ].

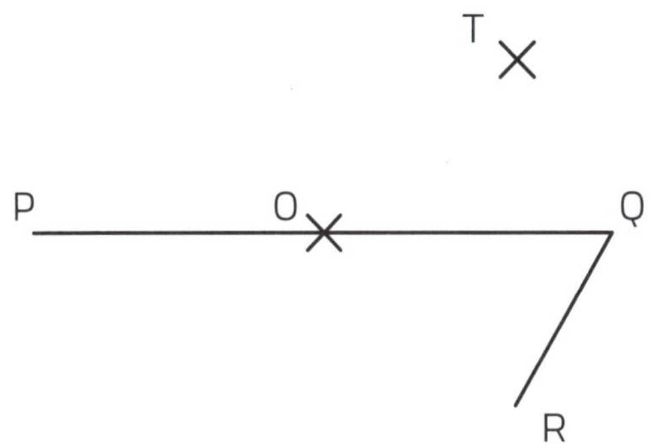


**Que peux-tu dire des points P, Q, R, S, T et U ?**

..............................................................................................

## Évaluation formative

**6** **Effectue** le programme de construction suivant.
- **Trace** le triangle équilatéral ABC.
- **Trace** la hauteur de ce triangle qui passe par le point C. Elle coupe [AB] au point D.
- **Trace** le point E situé sur [CD] tel que CE = 3 cm.
- **Trace** la droite parallèle à [AB] qui passe par E. Elle coupe [AC] au point F et [BC] au point G.

**Quelle est la nature de la figure ABGF ?**

..............................................................................................

## Consolidation — Remédiation — Approfondissement

**7** **Quel instrument vas-tu utiliser pour :**
- Reporter ou comparer une longueur : ..............................
- Mesurer une longueur : ..............................
- Mesurer ou tracer un angle : ..............................
- Tracer un cercle : ..............................
- Tracer un segment ou une droite : ..............................
- Mesurer ou tracer un angle droit : ..............................

**8** **Observe** ce cube tronqué.

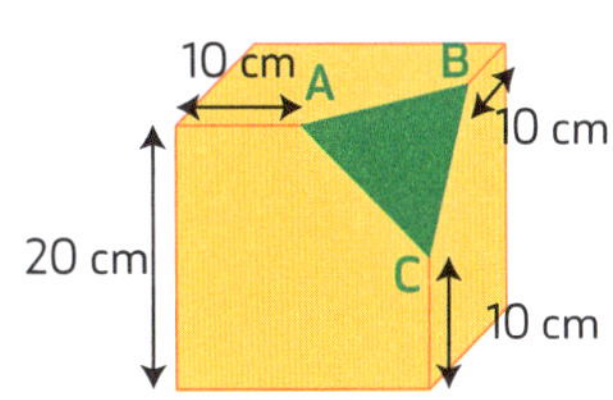

**Quelle est la nature de la figure ABC ?**

..............................................................................................

# 7 Mesure du périmètre et de l'aire des figures usuelles

| | |
|---|---|
| **Objectifs de l'apprentissage** | Calculer le périmètre et l'aire des polygones usuels et de certaines figures géométriques composées de polygones usuels. Résoudre des situations-problèmes en lien avec le calcul du périmètre et de l'aire. |
| **Calcul mental** | **Tables de multiplication.** Dire : « En 28 combien de fois 4 ? » ; l'élève écrit 7. |

................ ................ ................ ................ ................

## Construction du concept

**1** **Complète** les formules des calculs du périmètre des figures.

a, b, c, d sont des mesures de longueurs de côtés.

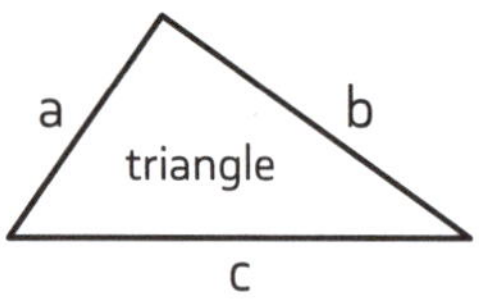


P = ..... + ..... + .....

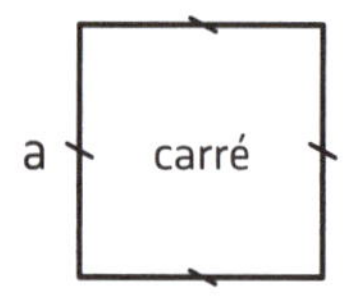


P = ..... × .....

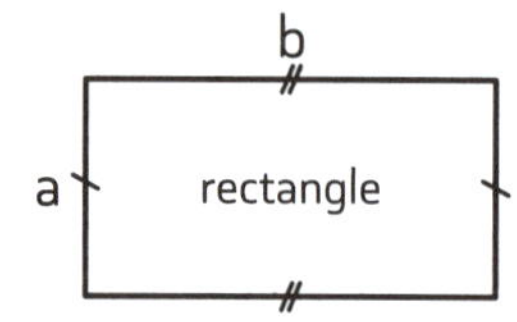


P = 2 × (..... + .....)

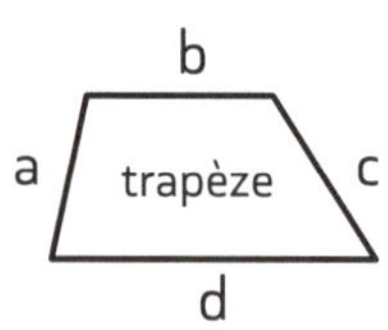


P = ..... + ..... + ..... + .....

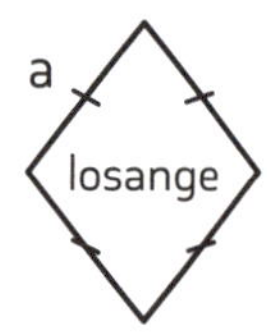


P = ..... × .....

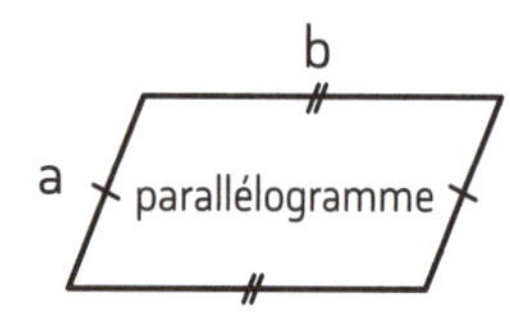


P = 2 × (..... + .....)

**2** **Complète** les formules des calculs des aires des figures suivantes.

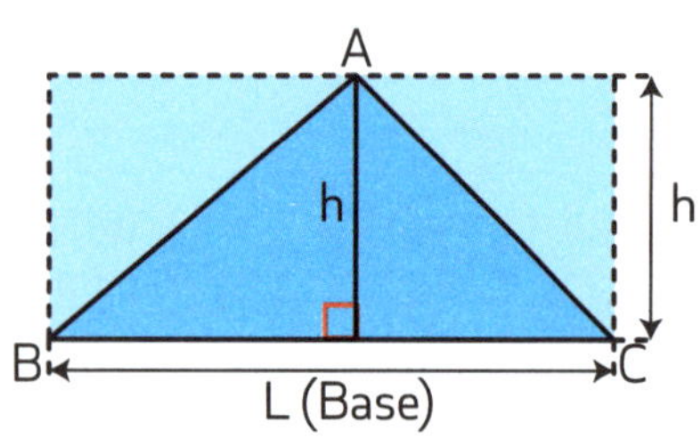


$\text{Aire}_{\text{triangle}} = \dfrac{\ldots\ldots \times \ldots\ldots}{2}$

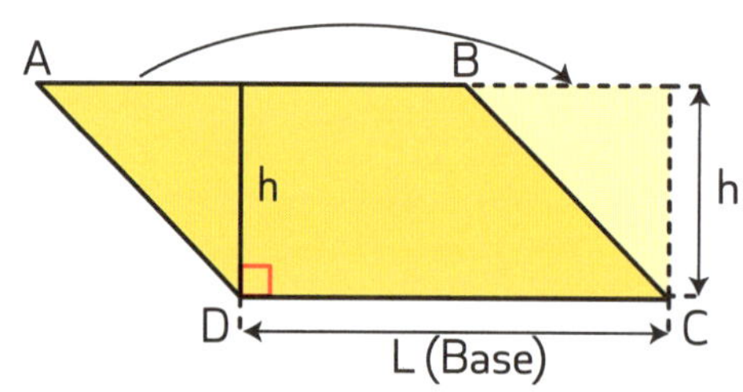


$\text{Aire}_{\text{parallélogramme}} = \ldots\ldots \times \ldots\ldots$

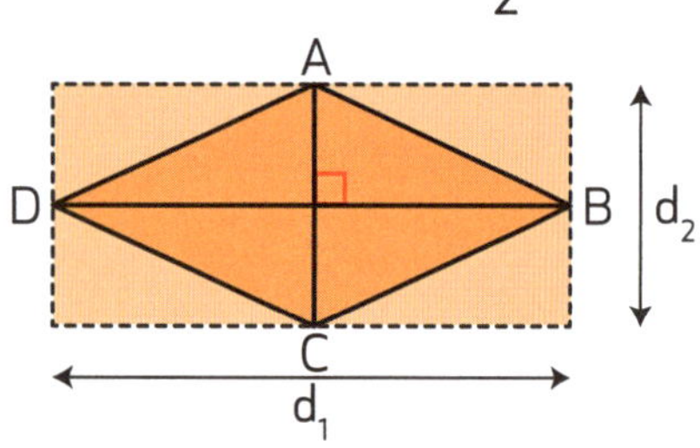


$\text{Aire}_{\text{losange}} = \dfrac{\ldots\ldots \times \ldots\ldots}{2}$

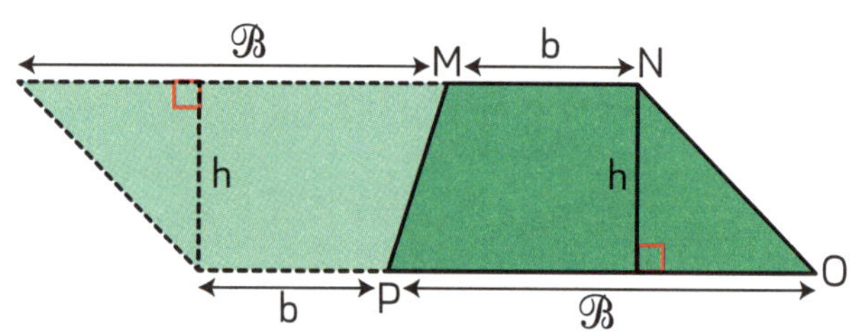


$\text{Aire}_{\text{trapèze}} = \dfrac{(\mathcal{B} + b) \times \ldots\ldots}{2}$

## Activités de mathématisation

**3** **Calcule** le périmètre et l'aire du losange ABCD.

Le périmètre s'exprime en cm, l'aire en cm².

P = ..........................................................................

A = ..........................................................................

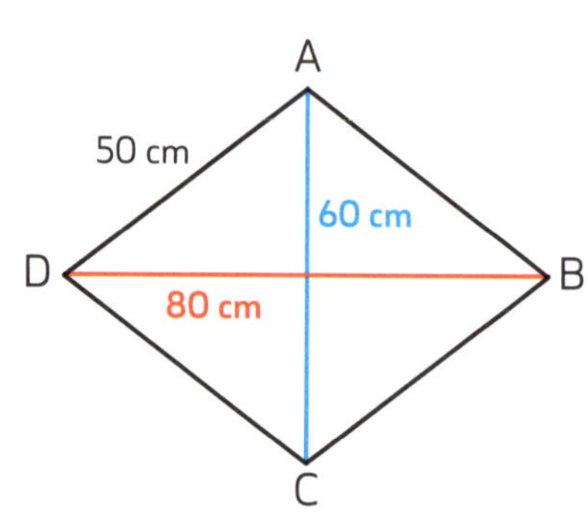

**4** **Calcule** le périmètre de la figure.

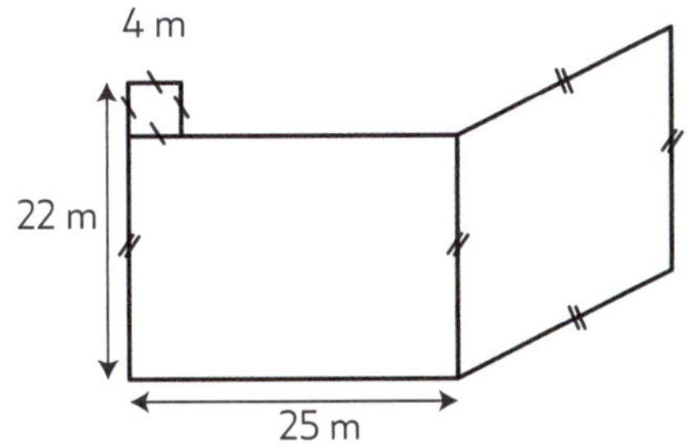


P = ........................................................................

**5** **Calcule** l'aire de la figure.

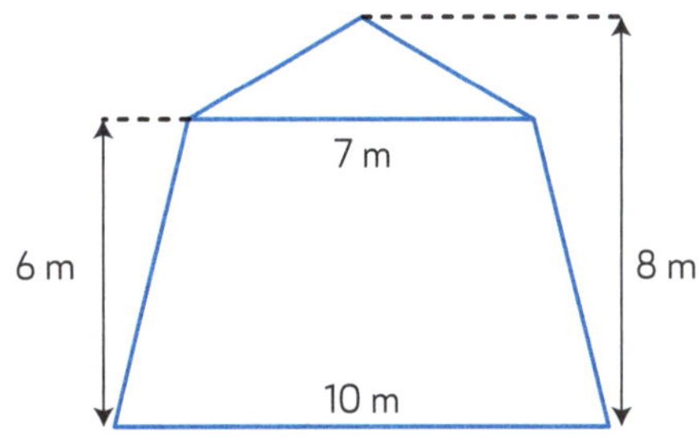


A = ........................................................................

**6** PROBLÈME Un champ rectangulaire a une longueur deux fois plus grande que sa largeur. Son périmètre est égal à 720 m.

**Quelle est son aire en m² ?**

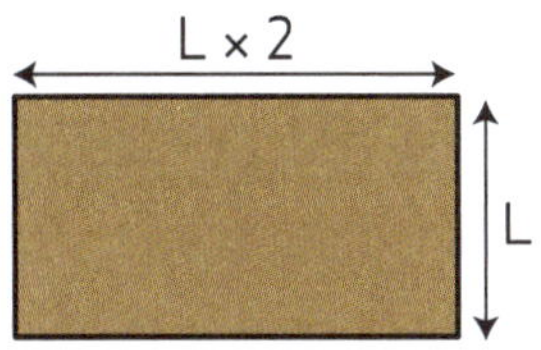


........................................................................

........................................................................

## Évaluation formative

**7** Cette figure est formée de 4 losanges identiques.
**Calcule** son périmètre et son aire.

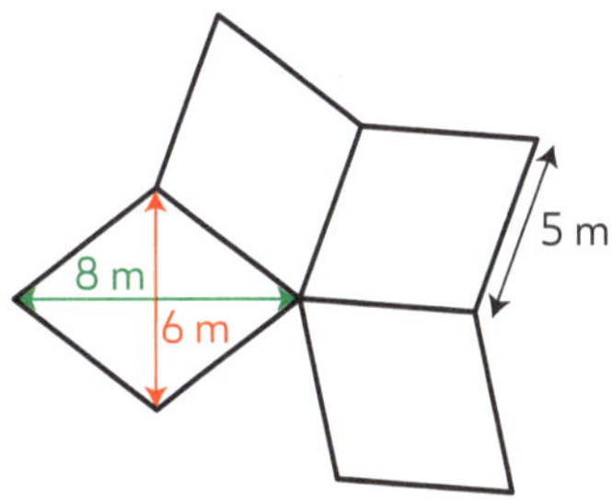


........................................................................

........................................................................

........................................................................

........................................................................

**8** PROBLÈME ABCD est un trapèze.
**Calcule** l'aire de la surface verte.

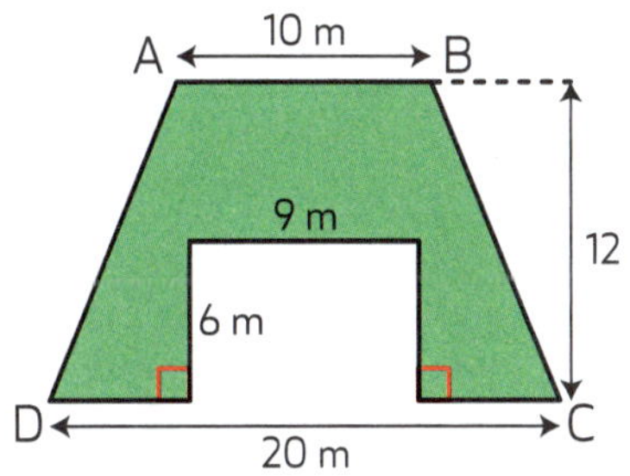


........................................................................

........................................................................

........................................................................

........................................................................

## Consolidation Remédiation Approfondissement

**9** **Calcule** l'aire du parallélogramme ABCD.

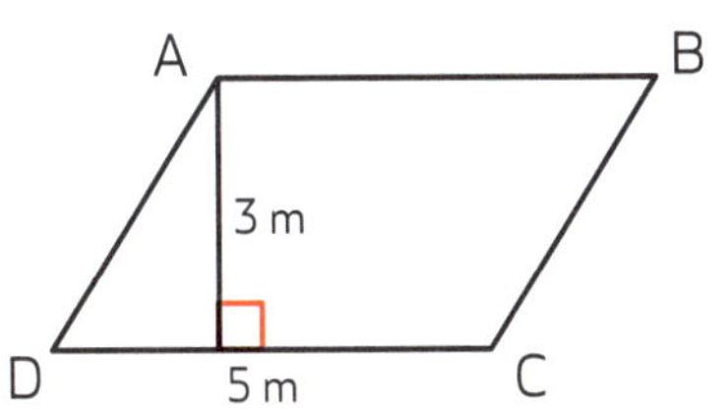


........................................................................

........................................................................

**10** PROBLÈME **Observe** cette figure.
**Calcule** son périmètre.

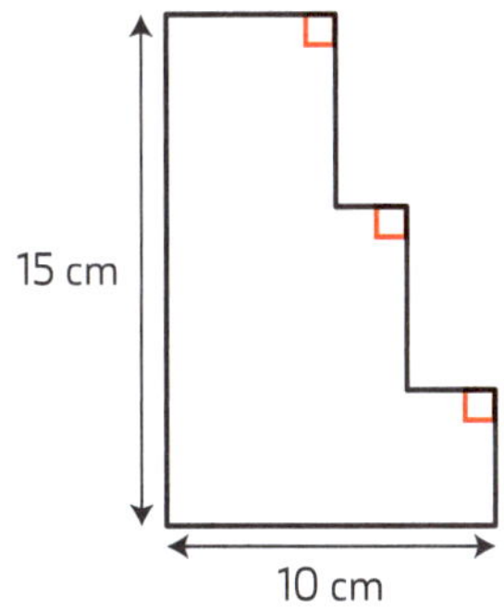


........................................

........................................

........................................

........................................

# 8 Les nombres fractionnaires : opérations arithmétiques

| | |
|---|---|
| Objectifs de l'apprentissage | Calculer des sommes, des différences, des produits ou des quotients de nombres fractionnaires, entre eux, ou avec des nombres entiers ou décimaux. |
| Calcul mental | **Compléments à la dizaine supérieure, à la centaine supérieure.** Écrire : 286 + ... + 300 ; l'élève écrit 14. |

............... ............... ............... ............... ...............

## Construction du concept

**1** Samir doit calculer $\frac{2}{5} + 3 - 1{,}8$.

Il demande l'aide de Farik qui lui propose le calcul suivant.

$\frac{2}{5} + (3 - 1{,}8) = \frac{2}{5} + 1{,}2 = \frac{2}{5} + \frac{12}{10} = \frac{4}{10} + \frac{12}{10} = \frac{16}{10} = \ldots\ldots$

Moktar lui propose un autre calcul.

$(\frac{2}{5} + 3) - 1{,}8 = (\frac{2}{5} + \frac{15}{5}) - 1{,}8 = \frac{17}{5} - \frac{18}{10} = \frac{17}{5} - \frac{9}{5} = \frac{\ldots\ldots}{\ldots\ldots} = \ldots\ldots$

Chaque nombre décimal peut s'écrire sous la forme d'une fraction décimale. Chaque nombre entier peut s'écrire sous la forme d'une fraction.

**Explique** oralement chacune des étapes colorées. **Écris** les résultats sous forme décimale.

**Ces deux résultats sont-ils égaux ?** ..............................................................................

**2** **Complète**.

Pour calculer $\frac{3}{7} \times \frac{4}{5}$ on écrit : $\frac{3 \times 4}{7 \times 5} = \frac{\ldots\ldots}{\ldots\ldots}$

Pour calculer $\frac{3}{7} \times 5$ on écrit : $\frac{3}{7} \times \frac{5}{1} = \frac{3 \times 5}{7 \times 1} = \frac{\ldots\ldots}{\ldots\ldots}$

Pour calculer $\frac{3}{7} \times 2{,}3$ on écrit : $\frac{3}{7} \times \frac{23}{10} = \frac{3 \times 23}{7 \times 10} = \frac{\ldots\ldots}{\ldots\ldots}$

Lorsqu'on multiplie des fractions entre elles, il n'est pas nécessaire d'avoir le même dénominateur.

**3** Samir doit maintenant résoudre la multiplication à trou suivante. $\frac{3}{7} \times \frac{\ldots\ldots}{\ldots\ldots} = 1$

Nabil lui affirme qu'il suffit de permuter le numérateur et le dénominateur.

**Vérifie** que la fraction $\frac{7}{3}$ est une solution. ........................................................

$\frac{7}{3}$ est l'inverse de $\frac{3}{7}$.
$\text{Inv}\,(\frac{3}{7}) = \frac{7}{3}$
Le produit d'une fraction et de son inverse est égal à 1.

**4** **Complète**.

Pour calculer $\frac{2}{5} \div \frac{3}{7}$ on écrit $\frac{2}{5} \div \frac{3}{7} = \frac{2}{5} \times \frac{7}{3} = \frac{2 \times 7}{5 \times 3} = \frac{\ldots\ldots}{\ldots\ldots}$

Pour calculer $\frac{2}{5} \div 3$ on écrit $\frac{2}{5} \div 3 = \frac{2}{5} \div \frac{3}{1} = \frac{2}{5} \times \frac{1}{3} = \frac{2 \times 1}{5 \times 3} = \frac{\ldots\ldots}{\ldots\ldots}$

Pour calculer $\frac{2}{5} \div 1{,}4$ on écrit $\frac{2}{5} \div 1{,}4 = \frac{2}{5} \div \frac{14}{10} = \frac{2}{5} \times \frac{10}{14} = \frac{2 \times 10}{5 \times 14} = \frac{\ldots\ldots}{\ldots\ldots}$

Pour diviser par une fraction, on doit multiplier par son inverse.

## Activités de mathématisation

**5** **Calcule**.

$(\frac{7}{2} - 2) - (\frac{11}{3} - 3) =$ ..............................................................................

$(8 - \frac{5}{7}) + (11 - \frac{2}{7}) =$ ..............................................................................

**6** **Effectue** les produits suivants.

$\frac{8}{3} \times \frac{7}{8} = $ ..................................  $5 \times \frac{7}{15} = $ ..................................  $\frac{5}{8} \times 2{,}4 = $ ..................................

**7** **Indique** l'inverse de chaque nombre sous forme de fraction.

- $\text{Inv}\left(\frac{5}{7}\right) = $ ..........................  $\text{Inv}(3) = \text{Inv}\left(\frac{3}{1}\right) = $ ..........................  $\text{Inv}(2{,}5) = \text{Inv}\left(\frac{25}{10}\right) = $ ..........................
- $\text{Inv}\left(\frac{12}{5}\right) = $ ..........................  $\text{Inv}(13) = $ ..........................  $\text{Inv}(3{,}4) = $ ..........................

**8** **Calcule** les quotients ci-dessous sous forme de fraction.

- $\frac{24}{5} \div \frac{3}{10} = $ ..................................  $\frac{18}{4} \div \frac{6}{7} = $ ..................................
- $\frac{12}{5} \div \left(\frac{3}{5} + 1\right) = $ ..................................

**9** PROBLÈME La citerne d'un camion est pleine de fuel.

Chez un premier client, il livre les $\frac{3}{5}$ du contenu de sa citerne.

Chez un second client, il livre les $\frac{2}{3}$ de ce qu'il reste dans sa citerne.

**Quelle fraction du chargement initial reçoit le second client ?**

..................................................................................................

..................................................................................................

## Évaluation formative

**10** **Calcule**.

- $\frac{3}{5} + \frac{7}{10} - 1{,}2 = $ ..................................
- $\left(2 + \frac{3}{4}\right) - \left(1 - \frac{1}{8}\right) = $ ..................................

**11** **Écris** les inverses.

$\text{Inv}\left(\frac{8}{9}\right) = $ ..........................  $\text{Inv}(20) = $ ..........................  $\text{Inv}(0{,}8) = $ ..........................

**12** **Calcule**.

- $\frac{3}{7} \times \left(7 + \frac{1}{3}\right) = $ ..................................
- $\frac{3}{7} \div \left(7 + \frac{1}{3}\right) = $ ..................................

## Consolidation — Remédiation — Approfondissement

**13** Un camion peut transporter 6,8 t de sable, il ne remplit que les $\frac{3}{4}$ de sa benne.

**Quelle masse de sable transporte-t-il ?**

..................................................................................................

..................................................................................................

**14** Saïd a effectué le calcul suivant. **Corrige** son erreur.

$\frac{3}{5} \times \frac{7}{10} = \frac{6}{10} \times \frac{7}{10} = \frac{42}{10} = 4{,}2$

..................................................................................................

..................................................................................................

# B2 Bilan de l'unité 2

## Évaluation sommative

**1** **Écris** les cinq premiers multiples non nuls de 15 : ..........................................................................

**Écris** les cinq premiers multiples non nuls de 20 : ..........................................................................

**Écris** le plus petit multiple commun à 15 et à 20 : ..........................................................................

*Reconnaître le plus petit multiple commun de deux nombres entiers naturels.*

**2** **Complète** les décompositions multiplicatives de 18 puis de 19 :

18 = 1 × ...... = 2 × ...... = 3 × ......  **Écris** tous les diviseurs de 18 : ..................................................

19 = ...... × ......  **Écris** tous les diviseurs de 19 : ..................................................

18 est-il un nombre premier ? ...............................  19 est-il un nombre premier ? ...............................

*Reconnaître les diviseurs d'un nombre entier naturel. Reconnaître les nombres premiers plus petits que 100.*

**3** **Complète** ces calculs.

$1{,}7 + \frac{14}{10} = \frac{\ldots\ldots}{\ldots\ldots} + \frac{14}{10} = \frac{\ldots\ldots}{10}$

$\frac{5}{6} + 1 = \frac{\ldots\ldots}{\ldots\ldots} + \frac{\ldots\ldots}{\ldots\ldots} = \frac{\ldots\ldots}{\ldots\ldots}$

$\frac{5}{6} - \frac{7}{12} = \frac{\ldots\ldots}{\ldots\ldots} - \frac{\ldots\ldots}{\ldots\ldots} = \frac{\ldots\ldots}{\ldots\ldots}$

$\frac{3}{7} \times \frac{4}{5} = \frac{\ldots\ldots \times \ldots\ldots}{\ldots\ldots \times \ldots\ldots} = \frac{\ldots\ldots}{\ldots\ldots}$

$\frac{4}{9} \div \frac{5}{7} = \frac{4}{9} \times \frac{\ldots\ldots}{\ldots\ldots} = \frac{\ldots\ldots \times \ldots\ldots}{\ldots\ldots \times \ldots\ldots} = \frac{\ldots\ldots}{\ldots\ldots}$

*Effectuer des opérations arithmétiques entre des nombres fractionnaires, entiers ou décimaux.*

**4** **Termine** la construction de ce triangle rectangle dont les côtés ont pour longueur 6 cm ; 4,5 cm et 7,5 cm, puis **calcule** son périmètre et son aire.

6 cm

Périmètre :

..........................................................................

..........................................................................

..........................................................................

Aire :

..........................................................................

..........................................................................

..........................................................................

*Réaliser des constructions géométriques. Calculer le périmètre et l'aire de polygones usuels.*

**5** **Trace** le quadrilatère dont les sommets sont les milieux des côtés de ce rectangle de 8 cm de long et 3 cm de large. **Quel est son nom ? Calcule** son aire.

Ce quadrilatère est un ..................................................

Aire : ..........................................................................

..........................................................................

..........................................................................

*Réaliser des constructions géométriques. Calculer le périmètre et l'aire de polygones usuels.*

## Consolidation

**1** **Complète** ces calculs.

$\frac{4}{3} + \frac{1}{6} = \frac{4 \times \ldots\ldots}{3 \times \ldots\ldots} + \frac{1}{6} = \frac{\ldots\ldots}{\ldots\ldots}$ $\qquad$ $\frac{5}{8} - \frac{1}{4} = \frac{5}{8} - \frac{1 \times \ldots\ldots}{4 \times \ldots\ldots} = \frac{5}{8} - \frac{\ldots\ldots}{\ldots\ldots} = \frac{\ldots\ldots}{\ldots\ldots}$

*Calculer la somme ou la différence de deux fractions.*

**2** **Complète** ces calculs.

$\frac{2}{7} \times \frac{9}{5} = \frac{2 \times \ldots\ldots}{7 \times \ldots\ldots} = \frac{\ldots\ldots}{\ldots\ldots}$ $\qquad$ $\frac{4}{3} \div \frac{2}{5} = \frac{4}{3} \times \frac{\ldots\ldots}{2} = \frac{4 \times \ldots\ldots}{3 \times \ldots\ldots} = \frac{\ldots\ldots}{\ldots\ldots}$

*Calculer le produit ou le quotient de deux fractions.*

**3** **Calcule** le périmètre et l'aire de cet assemblage de carrés. Chaque carré a 2 cm de côté.

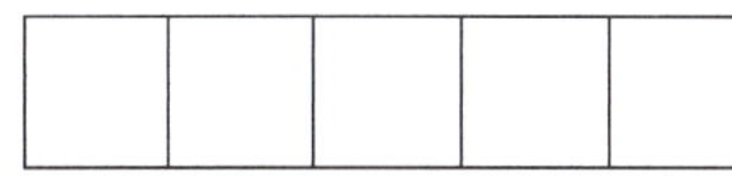

Périmètre : ..........................................................................................

Aire : ..........................................................................................

*Calculer le périmètre et l'aire de figures géométriques composées de polygones usuels.*

## Synthèse

### Multiples et diviseurs

$$40 = 1 \times 40 = 2 \times 20 = 4 \times 10 = 5 \times 8$$

40 est un **multiple** de 1, de 2, de 4, de 5, de 8, de 10, de 20, de 40.
Les nombres 1 ; 2 ; 4 ; 5 ; 8 ; 10 ; 20 ; 40 sont les **diviseurs** de 40.

### Somme et différence de deux fractions

Pour calculer la somme ou la différence de deux fractions :
- on écrit les fractions avec un même dénominateur ;
- on effectue la somme ou la différence des numérateurs ;
- on conserve le dénominateur commun.

$$\frac{7}{4} + \frac{3}{5} = \frac{7 \times 5}{4 \times 5} + \frac{3 \times 4}{5 \times 4} = \frac{35}{20} + \frac{12}{20} = \frac{47}{20}$$

$$\frac{7}{4} - \frac{3}{5} = \frac{7 \times 5}{4 \times 5} - \frac{3 \times 4}{5 \times 4} = \frac{35}{20} - \frac{12}{20} = \frac{23}{20}$$

### Produit et quotient de deux fractions

Pour calculer le produit de deux fractions, on multiplie les numérateurs entre eux et les dénominateurs entre eux.

$$\frac{7}{4} \times \frac{3}{5} = \frac{7 \times 3}{4 \times 5} = \frac{21}{20}$$

Pour calculer le quotient de deux fractions, on multiplie la première par l'inverse de la deuxième.

$$\frac{7}{4} \div \frac{3}{5} = \frac{7}{4} \times \frac{5}{3} = \frac{7 \times 5}{4 \times 3} = \frac{35}{12}$$

### Aires du triangle, du parallélogramme, du losange, du trapèze

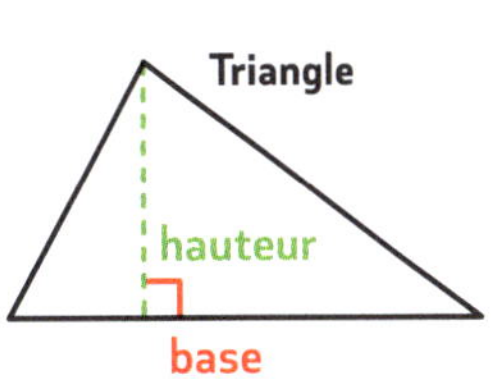


$$A = \frac{\text{base} \times \text{hauteur}}{2}$$

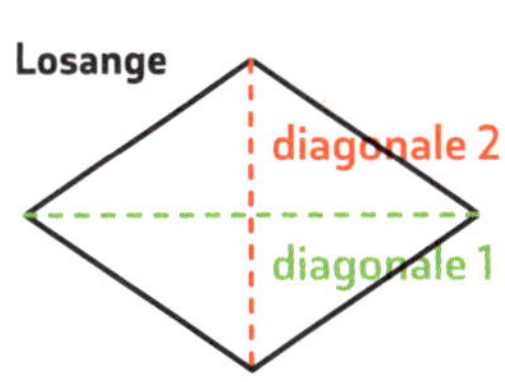


$$A = \frac{\text{diagonale 1} \times \text{diagonale 2}}{2}$$

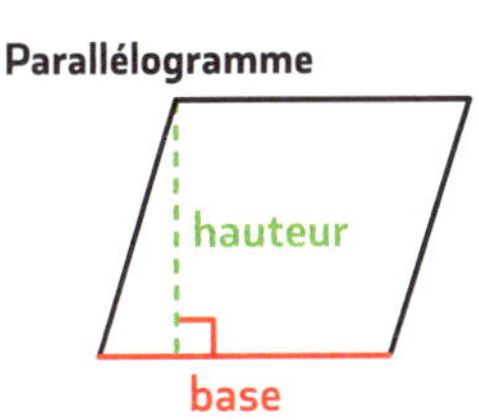


$$A = \text{base} \times \text{hauteur}$$

$$A = \frac{(\text{grande base} + \text{petite base}) \times \text{hauteur}}{2}$$

# 9 Les nombres décimaux : opérations arithmétiques

| ............ | ............ | ............ | ............ | ............ |
|---|---|---|---|---|

| | |
|---|---|
| **Objectifs de l'apprentissage** | Utiliser la technique usuelle pour calculer la somme, la différence et le produit de deux nombres décimaux. Trouver les erreurs dans des opérations d'addition, de soustraction et de multiplication de nombres décimaux, les expliquer puis les corriger. Résoudre des situations-problèmes |
| **Calcul mental** | **Additionner un entier à une fraction simple.** Écrire : $\frac{2}{3} + 1 = ...$ ; l'élève écrit $\frac{5}{3}$. |

## Construction du concept

**1** Karim calcule 56,5 + 7,85 + 15
**Complète** l'opération.

Je place les unités sous les unités, les virgules sous les virgules… Pour faciliter le calcul, j'écris 56,50 et 15,00. J'effectue l'addition sans tenir compte des virgules, puis je place la virgule dans le résultat.

| | d | u | dixièmes | centièmes |
|---|---|---|---|---|
| | 5 | 6, (+1) | 5 | 0 |
| + | | 7, | 8 | 5 |
| + | 1 | 5, | 0 | 0 |
| = | ..... | ..... | (1) 3 | 5 |

**2** Samia calcule 47,4 − 8,34.
**Complète** l'opération.

Je place les unités sous les unités, les virgules sous les virgules… Pour faciliter le calcul, j'écris 47,40 − 8,34. J'effectue la soustraction sans tenir compte des virgules, puis je place la virgule dans le résultat.

| | d | u | dixièmes | centièmes |
|---|---|---|---|---|
| | 4 | 7, | 4 | 10 |
| − | | 8, | 3 (+1) | 4 |
| = | ..... | ..... | ..... | 6 |

**3** Yanis calcule 4,38 × 2,5.
**Complète** l'opération.

Dans un premier temps, ignore les virgules et calcule 438 × 25. Tu as multiplié 4,38 par 100 et 2,5 par 10. Le produit que tu vas calculer est donc 1 000 fois trop grand ! Tu dois donc diviser ce produit par 1 000 pour obtenir le résultat de 4,38 × 2,5. Pour cela, place la virgule à 3 rangs à partir de la droite.

| | | | | | |
|---|---|---|---|---|---|
| | | | 4 | 3 | 8 |
| × | | | | 2 | 5 |
| | | ..... | ..... | 9 | 0 |
| + | | ..... | ..... | ..... | ..... |
| = | ..... | ..... | ..... | ..... | ..... |

438 × 25 = ..............................................................................

4,38 × 2,5 = ..........................................................................

## Activités de mathématisation

**4** **Pose** et **calcule**.

75,9 + 16,1

+

=

208,5 + 4,58

+

=

**5** **Pose** et **calcule**.

76,58 − 25,24

−

=

93 − 9,5

−

=

**6** **Écris** les produits décimaux.

536 × 21 = 11 256
53,6 × 2,1 = ........................

602 × 34 = 20 468
6,02 × 3,4 = ........................

2 352 × 281 = 660 912
2,352 × 2,81 = ........................

**7** **Pose** et **calcule**.

7,83 × 3,2 = .............

48,9 × 2,4 = .............

9,05 × 4,7 = .............

4,6 × 3,04 = .............

**8** **Entoure** l'opération exacte. **Corrige** les autres sur ton cahier d'exercices.

| | | | |
|---|---|---|---|
| | 2 | 6, | 8 |
| + | 5 | 1, | 3 |
| = | 7 | 8 | 1 |

| | | | |
|---|---|---|---|
| | 1 | 9, | 9 |
| + | | 4, | 6 |
| = | 2 | 3, | 15 |

| | | | |
|---|---|---|---|
| | 9, | 1 | 8 |
| − | 5, | 4 | 3 |
| = | 3, | 7 | 5 |

| | | | |
|---|---|---|---|
| | 7, | 9 | 8 |
| − | | 6, | 3 |
| = | 7, | 3 | 5 |

**9** PROBLÈME La carte mémoire du smartphone d'Ali a une capacité de 64 Go. Ali y a stocké 36,7 Go de photos et 12,85 Go de musique.

**Quel espace libre reste-t-il sur la carte mémoire ?**

.................................................................................................

.................................................................................................

**10** PROBLÈME Un baleineau mesure 6,80 m. Sa maman mesure 2,5 fois la taille de son petit.

**Quelle est la taille de la baleine ?**

.................................................................................................

## Évaluation formative

**11** **Pose** et **calcule**.

6,85 + 49,6 = .............

15,7 − 3,09 = .............

2,43 × 3,1 = .............

## Consolidation — Remédiation — Approfondissement

**12** **Complète** l'opération. **N'oublie** pas les virgules.

| | d | u | dixièmes | centièmes |
|---|---|---|---|---|
| | 2 | 1 7, | 1 2 | 1 0 |
| − | +1 | 8, +1 | +1 3 | 8 |
| = | ...... | ...... | ...... | ...... |

**13** **Trouve** les chiffres représentés par les fruits.

🍎 = ......

🍋 = ......

| | | | | |
|---|---|---|---|---|
| | | 🍋 , | 🍎 | 6 |
| × | | | 1, | 🍋 |
| | | 9 | 7 | 8 |
| + | 🍋 | 🍎 | 6 | 0 |
| | 4, | 🍎 | 🍋 | 8 |

# 10 Les angles : la bissectrice

| Objectifs de l'apprentissage | Reconnaître une bissectrice et la tracer avec différentes méthodes.<br>Reconnaître deux angles égaux, deux angles supplémentaires et deux angles complémentaires. |
|---|---|
| Calcul mental | **Soustraire un entier à une fraction simple.** Écrire $\frac{5}{3} - 1 = \dots$ ; l'élève écrit $\frac{2}{3}$. |

## Construction du concept

**1** **Observe** la technique de Sara pour partager un angle en deux angles égaux, en traçant sa **bissectrice**.

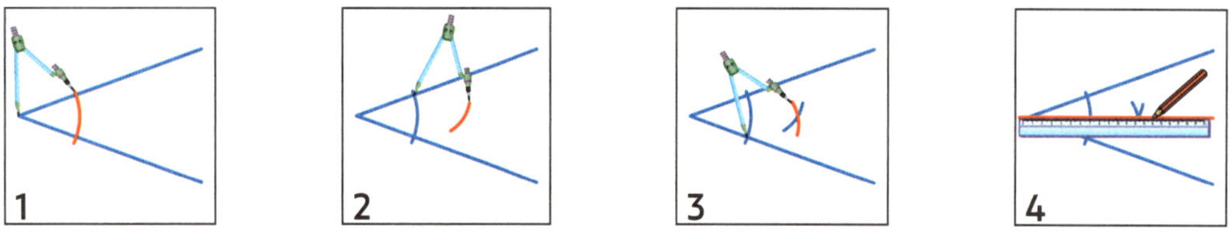


Les deux arcs tracés aux étapes 2 et 3 doivent avoir le même rayon. Ce rayon peut être différent du rayon utilisé à l'étape 1.

**Construis** les bissectrices des angles ci-dessous.

**2** Yanis utilise son rapporteur pour tracer la bissectrice de l'angle $\widehat{AOB}$.
**Complète**.

L'angle $\widehat{AOB}$ mesure ..............°.

Les deux angles formés par la bissectrice doivent mesurer ..............°.

En te servant du rapporteur, **marque** le repère qui te permettra de tracer la bissectrice.
**Trace** la bissectrice avec ta règle.

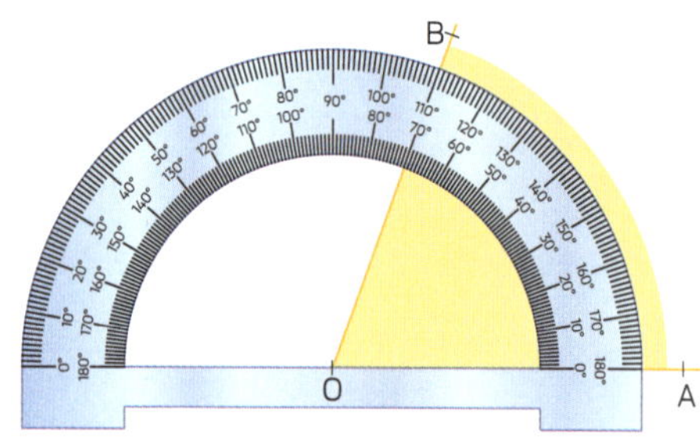


## Activités de mathématisation

**3** À l'aide de papier calque, **trouve** les angles égaux à l'angle marqué en **rouge**.
**Vérifie** avec ton rapporteur.

Si tu prolonges les côtés d'un angle, tu ne changes pas sa valeur.

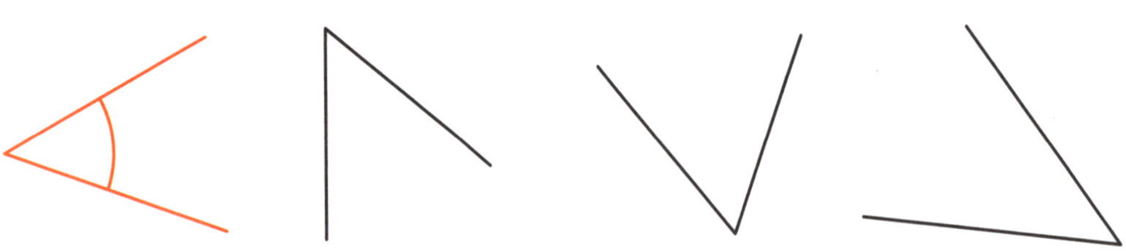

**4** Les angles **vert** et **jaune** sont supplémentaires.

La somme d'un angle **vert** et d'un angle **jaune** est égale à ...........................................°.

Les angles **gris** et **bleu** sont complémentaires.

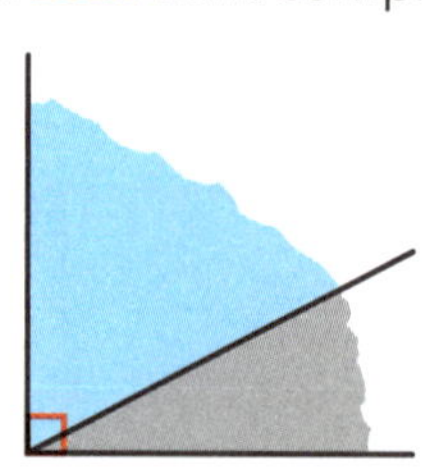

Leur somme est égale à ...........................................°.

**5** **Associe** les angles entre eux.

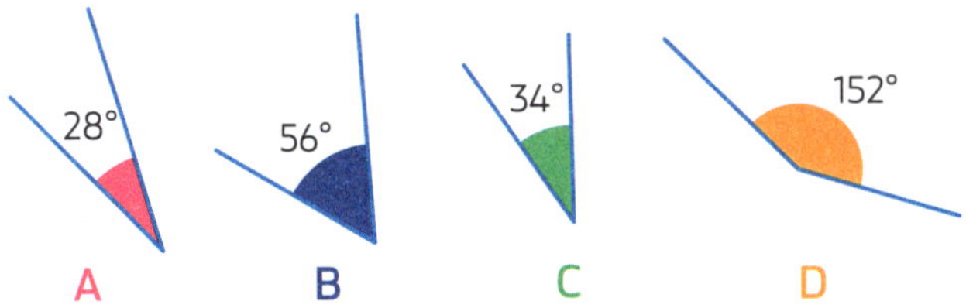


Angles complémentaires : ........................................

Angles supplémentaires : ........................................

**6** **Calcule** la mesure des angles suivants.

Complément de 60° = ........................................

Complément de 30° = ........................................

Complément de 45° = ........................................

Supplément de 135° = ........................................

Supplément de 90° = ........................................

Supplément de 60° = ........................................

**7** **Barre** les figures pour lesquelles la demi-droite **rouge** n'est pas bissectrice de l'angle.

**8** En utilisant le compas et la règle, **trace** la bissectrice de l'angle ci-dessous.

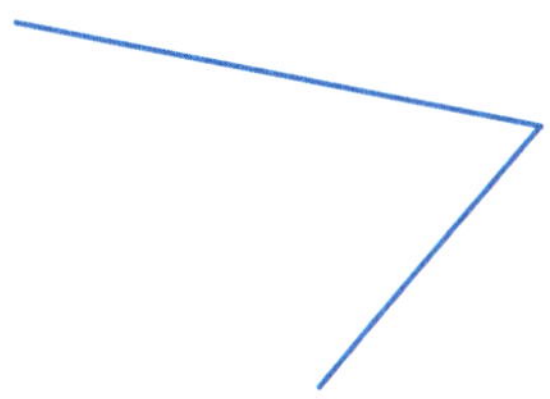

**Vérifie** avec ton rapporteur.

En utilisant le rapporteur et la règle, **trace** la bissectrice de l'angle ci-dessous.

**Vérifie** avec ton compas.

## Évaluation formative

**9** **Calcule** la mesure des angles suivants.

Complément de 54° = ........................................

Supplément de 128° = ........................................

**10** OB est la bissectrice de l'angle $\widehat{AOC}$ qui mesure 42°.
**Complète**.

Mesure de $\widehat{AOB}$ = ............°

Mesure de $\widehat{BOC}$ = ............°

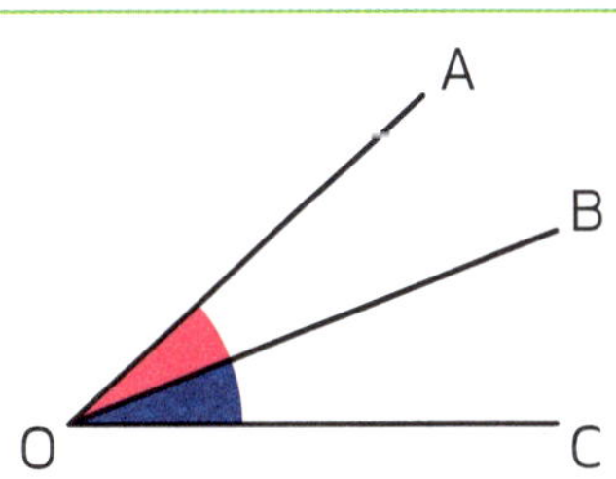


**11** **Trace** la bissectrice avec la méthode de ton choix.

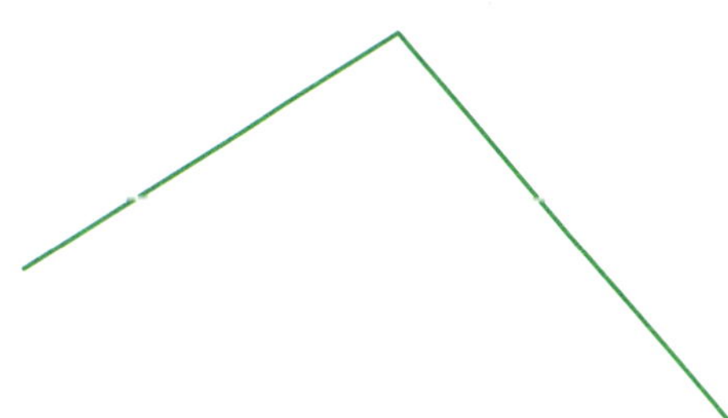

## Consolidation — Remédiation — Approfondissement

**12** **Quelle est la couleur de la bissectrice de l'angle bleu ?**

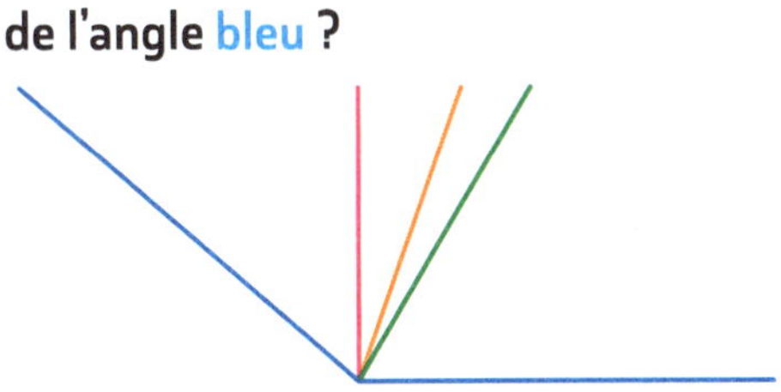

La bissectrice est .................................. .

**13** La figure ABCD est un rectangle.
**La diagonale AC est-t-elle la bissectrice de l'angle $\widehat{BAD}$ ?**

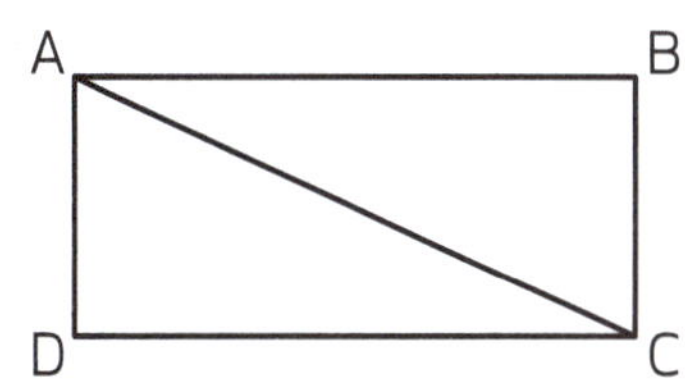


........................................

**Vérifie** ta réponse avec les instruments de ton choix.
Dans cette figure, **trouve** deux angles complémentaires.

...................... est complémentaire de ...................... .

# 11 Unités de mesure du volume : m³, multiples et sous-multiples

| | |
|---|---|
| **Objectifs de l'apprentissage** | Reconnaître, comparer, ranger les unités de mesure du volume. Reconnaître et convertir les unités de mesure de volume et les unités de mesure de la capacité. |
| **Calcul mental** | **Multiplier une fraction par un entier.** Écrire : $2 \times \frac{5}{7} = ...$ ; l'élève écrit $\frac{10}{7}$. |

............... ............... ............... ............... ...............

## Construction du concept

**1** L'unité internationale de volume est le mètre cube (m³). C'est le volume d'un cube dont l'arête mesure 1 m.
On en déduit les relations avec ses sous-multiples :
le décimètre cube (dm³), le centimètre cube (cm³), le millimètre cube (mm³).

**Combien faut-il de cubes de 1 dm³ pour remplir un cube de 1 m d'arête ?**

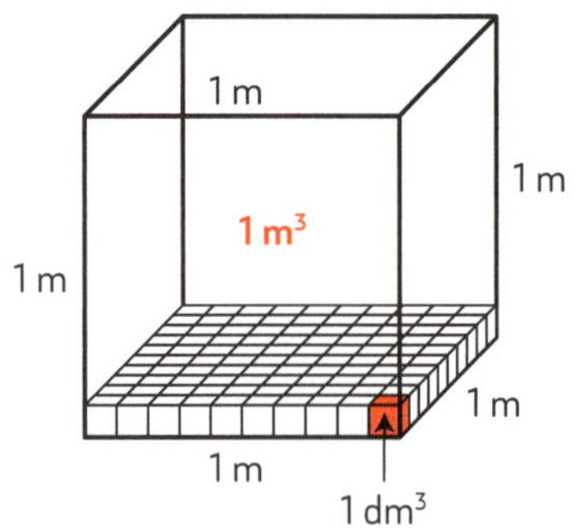


Combien de dm³ contient la première couche représentée sur le dessin ?

............. rangées × ............ cubes = ............ cubes

Combien faut-il de couches pour remplir le cube de 1 m d'arête ?

1 m = ............ dm ➔ Il faut ............ couches.

**Complète**.

Le cube de 1 m d'arête contient ............ couches de ............ cubes.

1 m³ = ............ × ............ dm³ = ............... dm³

**2** Si sur le dessin précédent on remplace les m par des dm et les dm par des cm,
on obtient la relation : 1 dm³ = ............ × ............. cm³ = ........... cm³
Si sur le dessin précédent on remplace les m par des cm et les dm par des mm,
on obtient la relation : 1 cm³ = ............ × ............. mm³ = ........... mm³

1 m = 10 dm
1 dm = 10 cm
1 cm = 10 mm

**3** Dans le tableau de conversion on a écrit la relation 1 m³ = 1 000 dm³
À ton tour, **écris** dans ce tableau les relations : 1 dm³ = 1 000 cm³ ; 1 cm³ = 1 000 mm³

| m³ | | | dm³ | | | cm³ | | | mm³ | | |
|---|---|---|---|---|---|---|---|---|---|---|---|
| | | 1 | 0 | 0 | 0 | | | | | | |
| | | | | | | | | | | | |
| | | | | | | | | | | | |

**4** Une bouteille de 1 L d'eau contient 1 dm³ d'eau : 1 L = 1 dm³.
1 m³ = ................ dm³ = ................ L

**Complète** les cases vertes du tableau avec les unités de capacité.

| 1 daL = 10 L | 1 L = 10 dL |
|---|---|
| 1 hL = 100 L | 1 L = 100 cL |
| 1 kL = 1 000 L | 1 L = 1 000 mL |

| m³ | | | dm³ | | | cm³ | | | mm³ | | |
|---|---|---|---|---|---|---|---|---|---|---|---|
| | | ..... | ..... | ..... | L | ..... | ..... | ..... | | | |
| | | 1 | 0 | 0 | 0 | | | | | | |
| | | | | | | | | | | | |
| | | | | | | | | | | | |
| | | | | | | | | | | | |
| | | | | | | | | | | | |
| | | | | | | | | | | | |

**Utilise** le tableau pour convertir ces volumes et capacités.

150 dm³ = .................. L

1 000 cm³ = .................. L

20 L = ....................... cm³

1 500 L = .................. m³

80 cL = .................. cm³

**5** **Convertis** ces mesures de volume.

1 $m^3$ = ................ $cm^3$ | 352 $cm^3$ = ............... $dm^3$
1,4 $cm^3$ = ............... $mm^3$ | 150 $mm^3$ = .............. $cm^3$
0,2 $m^3$ = ................. $dm^3$ | 2 500 $dm^3$ = .............. $m^3$

**6** **Entoure** le plus grand volume en t'aidant du tableau de conversion.

1 $m^3$ / 500 $dm^3$ 5 $cm^3$ / 1 000 $mm^3$
6 $dm^3$ / 8 000 $cm^3$ 100 $dm^3$ / 1 $m^3$

**7** **Convertis** ces mesures. **Range** ces volumes dans l'ordre croissant.

0,05 $m^3$ = ............................... 42 $dm^3$ = ...............................
8 000 $cm^3$ = ........................... 25 000 $mm^3$ = .......................

.......................................................................................................................

Pour comparer ces volumes, tu dois les convertir dans la même unité. Tu as le choix.

**8** **Convertis** en litres ces volumes de cylindrées de motos.

50 $cm^3$ = ......... L 125 $cm^3$ = ......... L 500 $cm^3$ = ......... L 1 200 $cm^3$ = ......... L

**9** **Convertis** ces volumes de bouteilles en litres, puis en centimètres cubes.

25 cL = ....... L = ......... $cm^3$ 50 cL = ......... L = ......... $cm^3$ 150 cL = ......... L = ......... $cm^3$

**10** PROBLÈME Un jardinier doit transporter 2 $m^3$ de terre avec une brouette pouvant contenir 50 L.
**Combien de voyages devra-t-il faire ?**

.......................................................................................

**11** PROBLÈME Pour remplir son aquarium de 0,24 $m^3$, Lydia utilise un arrosoir qui contient 12 L.
**Combien d'arrosoirs doit-elle vider ?**

.......................................................................................

## Évaluation formative

Utilise le tableau de conversion.

**12** **Convertis** ces mesures de volume.

0,15 $dm^3$ = ..................... $cm^3$ | 2 450 $cm^3$ = ......... $dm^3$ | 3,5 $m^3$ = ...................... $cm^3$
4 500 $mm^3$ = ............ $cm^3$ | 254 $cm^3$ = ................ $mm^3$ | 305 $dm^3$ = ................... $m^3$

**13** **Entoure** les récipients dont le contenu peut tenir dans le cube.

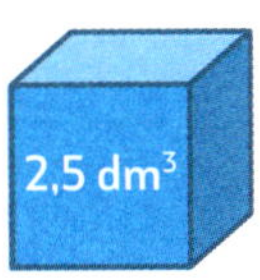

**14** **Entoure** les volumes qui sont compris entre 10 $dm^3$ et 100 $dm^3$.

0,015 $m^3$ 1 000 000 $mm^3$ 20 000 $cm^3$ 0,85 $m^3$ 150 000 $cm^3$

## Consolidation

Remédiation

**15** **Complète** en t'aidant du tableau de conversion.

| | | $dm^3$ | | | $cm^3$ | | | |
|---|---|---|---|---|---|---|---|---|
| | kL | hL | daL | L | dL | cL | mL | |
| 25 $dm^3$ | | | | | | | | |
| 1 180 L | | | | | | | | |

25 $dm^3$ = ......... cL
1 180 L = ......... $dm^3$

Approfondissement

**16** PROBLÈME Un producteur d'huile d'olive possède des cuves de 1,5 $m^3$. Il souhaite mettre son huile dans des bouteilles de 1,5 L. **Combien de bouteilles pourra-t-il remplir avec chaque cuve ?**

.......................................................................................................................

# 12 La proportionnalité : le capital et le taux d'intérêt

| | |
|---|---|
| **Objectifs de l'apprentissage** | Reconnaître et calculer le capital, le taux de l'intérêt et l'intérêt. Savoir les utiliser dans des situations de proportionnalité. |
| **Calcul mental** | **Multiplier une fraction par une fraction.** Écrire : $\frac{2}{3} \times \frac{5}{7} = \ldots$ ; l'élève écrit $\frac{10}{21}$. |

...............  ...............  ...............  ...............  ...............

## Construction du concept

**1** Saïd a déposé 2 000 Dh sur un compte d'épargne à la banque.
Au bout d'un an, il a 2 080 Dh sur son compte. **Combien lui a rapporté ce placement ?**

**Complète.** Capital déposé : ........................ Dh

Capital au bout d'un an : .................. Dh

Intérêts rapportés : .................. Dh

Ce placement lui a rapporté ........................ Dh.

**2** Le **taux d'intérêt** est le rapport entre les intérêts rapportés sur une année et le montant du capital déposé.
On l'exprime en pourcentage.
**Calcule** le **taux d'intérêt** du placement de Saïd.

$$\text{Taux d'intérêt} = \frac{\text{Intérêts rapportés}}{\text{Capital déposé}} = \frac{\ldots\ldots\ldots\ \text{Dh}}{\ldots\ldots\ldots\ \text{Dh}} = \frac{\ldots\ldots}{100} = \ldots\ldots\ \%$$

**3** Pour un taux d'intérêt fixé, les intérêts sont **proportionnels** à la valeur du capital.
Intérêts rapportés = Capital déposé × Taux d'intérêt
**Complète** ce tableau de proportionnalité.

| **Capital (Dh)** | 2 000 | 100 | 500 | 5 000 |
|---|---|---|---|---|
| **Intérêts (Dh)** | 80 | .......... | .......... | .......... |

$\times \frac{\ldots\ldots}{100} = \ldots\ldots\ \%$

## Activités de mathématisation

**4** Hamed a vendu un appartement 250 000 Dh. Il place ce capital durant un an au taux de 2 %.
**Calcule** le montant des intérêts qu'il aura gagnés au bout d'un an.

..........................................................................................................................................

**De quelle somme disposera-t-il alors ?** ..........................................................................................

**5** Wassim a placé 10 000 Dh sur un livret d'épargne. Au bout d'un an, il a 10 300 Dh sur son livret.
**Calcule** le montant des intérêts qu'il a gagnés au bout d'un an.

..........................................................................................

**À quel taux a-t-il placé son capital ?**

$$\text{Taux d'intérêt} = \frac{\ldots\ldots\ldots\ldots}{\ldots\ldots\ldots\ldots} = \ldots\ldots\ \%$$

Le frère de Wassim place 50 000 Dh sur un livret d'épargne au même taux que Wassim.
**Quelle somme aura-t-il sur son compte au bout d'un an ?**

..........................................................................................

..........................................................................................

**6** Une employée de banque a construit le tableau suivant pour calculer les intérêts d'une épargne.

| Capital (Dh) | 100 | 200 | .......... | .......... | .......... |
|---|---|---|---|---|---|
| Intérêts (Dh) | 5 | .......... | 25 | 40 | .......... |
| Somme totale | 105 | .......... | .......... | .......... | 1 050 |

**Calcule** le taux d'intérêt avec les valeurs de la première colonne.

.............................................................................................................................................

**Complète** le tableau de proportionnalité.

**7** Amira se demande combien elle possédera au bout de 3 ans si elle place un capital de 1 000 Dh au taux de 10 %, en laissant les intérêts sur son compte.
**Complète** le tableau ci-dessous.

La somme totale d'une année devient le capital de l'année suivante.

| Au bout de... | 1 an | 2 ans | 3 ans |
|---|---|---|---|
| Capital (Dh) | 1 000 | 1 100 | .......... |
| Intérêts (Dh) | 100 | .......... | .......... |
| Somme totale | 1 100 | .......... | .......... |

Au bout de 3 ans, Amira possédera ................................ Dh.

## Évaluation formative

**8** En plaçant 100 Dh durant un an sur un compte épargne, on récupère une somme totale de 105 Dh.

**Quel est le montant des intérêts ?** .............................................................................................

**Quel est le taux d'intérêt de ce placement ?**

.............................................................................................................................................

**Quelle somme récupérerait-on au bout d'une année, si on plaçait un capital de 5 000 Dh ?**

.............................................................................................................................................

**9** **Complète** le tableau pour un placement d'une année au taux d'intérêt de 3 %.

| Capital (Dh) | 200 | 500 | 1 500 | 2 000 | 10 000 |
|---|---|---|---|---|---|
| Intérêts (Dh) | 6 | .......... | .......... | .......... | .......... |
| Somme totale | 206 | .......... | .......... | .......... | .......... |

## Consolidation — Remédiation — Approfondissement

**10** **Complète** les tableaux de proportionnalité.

| Capital (Dh) | 100 | 200 | 1 000 |
|---|---|---|---|
| Intérêts (Dh) | .......... | .......... | .......... |

$\times \frac{9}{100}$

| Capital (Dh) | 100 | 200 | 1 000 |
|---|---|---|---|
| Intérêts (Dh) | .......... | .......... | .......... |

$\times 6\,\%$

**11** Youssef a déposé l'an dernier un capital sur son livret d'épargne, au taux de 8,5 %. Il a maintenant 5 425 Dh.

**Quel était son capital de départ ?**

.............................................................................................................................................

.............................................................................................................................................

.............................................................................................................................................

Capital final = capital de départ + intérêts.
Utilise un tableau de proportionnalité.

# B3 Bilan de l'unité 3

## Évaluation sommative

**1** **Pose** et **calcule**.

76,5 + 15,9 | 67,25 – 28,46 | 5,83 × 3,7

*Utiliser la technique usuelle pour calculer la somme, la différence et le produit de deux nombres décimaux.*

**2** **Trace** les bissectrices des angles ci-dessous.

- En utilisant le compas et la règle

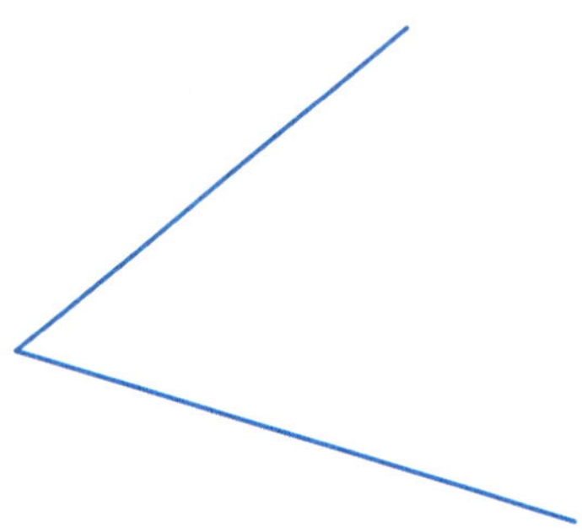

- En utilisant le rapporteur

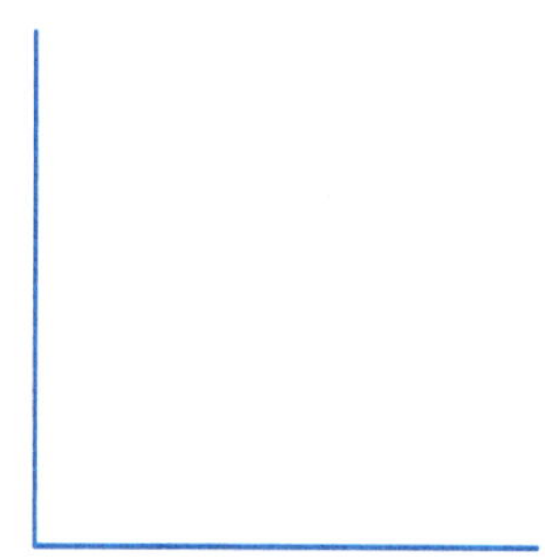

*Reconnaître et tracer une bissectrice avec différentes méthodes.*

**3** À partir de l'angle ci-contre, **trace** le deuxième côté d'un angle complémentaire en **bleu** et d'un angle supplémentaire en **rouge**.

Mesure de l'angle complémentaire = ...............°

Mesure de l'angle supplémentaire = ...............°

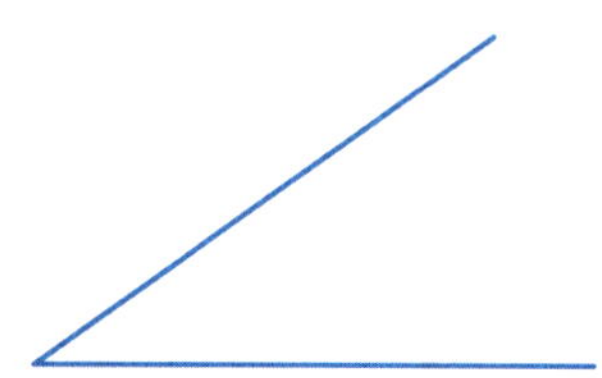

**4** **Convertis** ces mesures de volume.

25 m³ = ............... dm³
3 m³ = ......................... cm³
2 000 dm³ = ............. m³

250 cL = ......... L
50 cL = ............. mL
33 dL = ......... L

30 dm³ = ........... L
4 m³ = ............... L
2 600 cm³ = ............... L

*Reconnaître et convertir les unités de mesure de volume et les unités de mesure de la capacité.*

**5** Sur son livret d'épargne, Mariam a placé 320 000 Dh au taux de 3 %.
**Calcule** le montant des intérêts qu'elle aura gagnés au bout d'un an.

......................................................................................................................................

**De quelle somme disposera-t-elle alors ?**

......................................................................................................................................

*Reconnaître et calculer le capital, le taux de l'intérêt et l'intérêt.*

## Consolidation

**1** **Pose** et **calcule**.

65,38 + 24,7

| | | | | |
|---|---|---|---|---|
| | ..... | ....., | ..... | ..... |
| + | | , | | |
| = | | | | |

34,78 + 56

| | | | | |
|---|---|---|---|---|
| | ..... | ....., | ..... | ..... |
| + | | | | |
| = | | | | |

84,46 – 23,79

| | | | | |
|---|---|---|---|---|
| | ..... | ....., | ..... | ..... |
| – | | , | | |
| = | | | | |

**2** **Calcule** 3 175 × 45, puis **déduis**-en les produits des nombres décimaux.

| | | | | |
|---|---|---|---|---|
| | 3 | 1 | 7 | 5 |
| × | | | 4 | 5 |
| | | | | |
| | | | | |

→

3,175 × 45 = .....................

3,175 × 4,5 = .....................

31,75 × 4,5 = .....................

317,5 × 45 = .....................

**3** L'angle $\widehat{BAC}$ mesure 40°. La demi-droite **rouge** est la bissectrice de $\widehat{BAC}$.

**Quelle est la mesure des angles $\widehat{BAX}$ et $\widehat{CAX}$ ?**

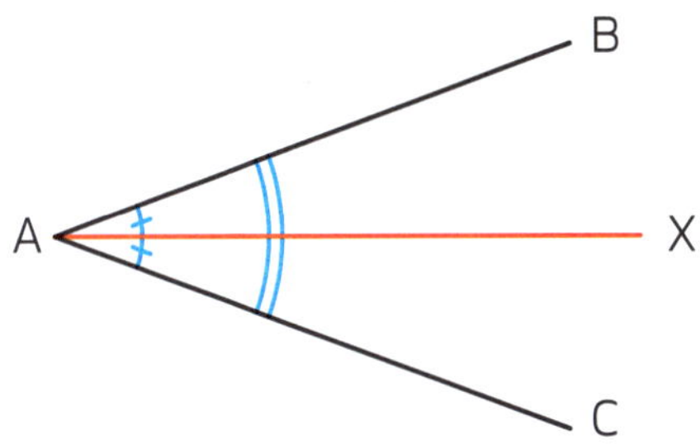


$\widehat{BAC} = \widehat{BAX} + \widehat{CAX} = 40°$

$\widehat{BAX}$ mesure ...............°

$\widehat{CAX}$ mesure ...............°

## Synthèse

**Somme, différence et produit de deux nombres décimaux**

Pour calculer la somme ou la différence de deux nombres décimaux, on procède comme avec les nombres entiers, mais en alignant les virgules.

Pour calculer le produit de deux nombres décimaux, on procède comme avec les nombres entiers, puis on compte le nombre total de chiffres après la virgule pour le reporter dans le résultat.

**Bissectrice d'un angle**

La **bissectrice** d'un angle partage cet angle en deux angles égaux.

OB est la **bissectrice** de l'angle $\widehat{AOC}$.

$\widehat{AOB} = \widehat{BOC}$ $\widehat{AOB} + \widehat{BOC} = \widehat{AOC}$

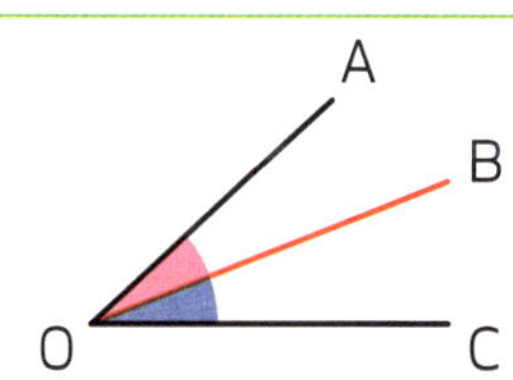


**Unités de mesure de volume**

On passe d'une unité de volume à sa voisine immédiate en la multipliant ou en la divisant par 1 000.

20 dm$^3$ = 20 000 cm$^3$ 35 000 dm$^3$ = 35 m$^3$

**Capital et taux d'intérêt**

$$\text{Taux d'intérêt} = \frac{\text{Intérêts rapportés}}{\text{Capital déposé}}$$

$$\text{Taux} = \frac{2\,000 \text{ Dh}}{50\,000 \text{ Dh}} = \frac{4}{100} = 4\ \%$$

# S1 Évaluation semestrielle (1)

## Nombres et calculs

| Objectifs des apprentissages | Évaluation |
|---|---|
| 1. 2. Écrire et décomposer les nombres de 0 à 999 999 999 999. | |
| 3. Poser et calculer des sommes, des différences et des produits de grands nombres. | |
| 4. Connaître la notion de multiple et les critères de divisibilité. | |
| 5. Calculer avec des nombres fractionnaires. | |
| 6. 7. Calculer avec des nombres décimaux. | |
| 8. Proportionnalité : capital et taux d'intérêt. | |

**1** **Écris** ce nombre en chiffres.

cent quatre milliards cent vingt millions cent trente-quatre : ..........

**2** **Décompose** sur le modèle ci-dessous.

2 005 030 600 = (2 × 1 000 000 000) + (5 × 1 000 000) + (3 × 10 000) + (6 × 100)

40 007 008 050 = ..........

**3** **Pose** et **calcule**.

8 185 246 + 9 684 + 648 200 — 535 670 − 520 792 — 15 306 × 472

**4** **Écris** tous les multiples de 8 compris entre 70 et 100 : ..........

**Écris** tous les nombres divisibles à la fois par 3 et par 5 compris entre 40 et 80 : ..........

**5** **Calcule**.

$\frac{2}{5} + 2{,}3 =$ ..........

$\frac{3}{7} \times \frac{2}{3} =$ ..........

$\frac{9}{8} - \frac{1}{4} =$ ..........

$\frac{14}{10} \div \frac{3}{5} =$ ..........

**6** **Complète** les produits sans calculer.

- 358 × 89 = 31 862

  35,8 × 8,9 = ..........
- 536 × 357 = 191 352

  5,36 × 0,357 = ..........
- 753 × 208 = 156 624

  0,753 × 20,8 = ..........

**7** **Pose** et **calcule**.

5,68 + 14,5

+

=

78 − 6,42

−

=

**8** PROBLÈME

Un capital de 5 000 Dh est placé au taux de 6 %. **Quel est le montant des intérêts au bout d'un an ?**

..............................................................................................................................................

..............................................................................................................................................

## Géométrie

| Objectifs des apprentissages | Évaluation |
|---|---|
| 9. Tracer une perpendiculaire ou une parallèle passant par un point donné. | |
| 10. Construire la bissectrice d'un angle. | |
| 11. Réaliser des constructions géométriques à l'aide des instruments de géométrie. | |

**9** **Trace** une perpendiculaire à la droite **bleue** passant par le point A. **Trace** une parallèle à la droite **bleue** passant par le point A.

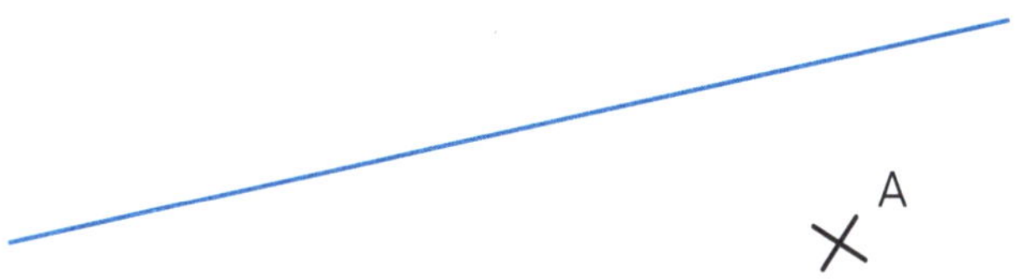


**10** **Trace** la bissectrice de l'angle ci-dessous.

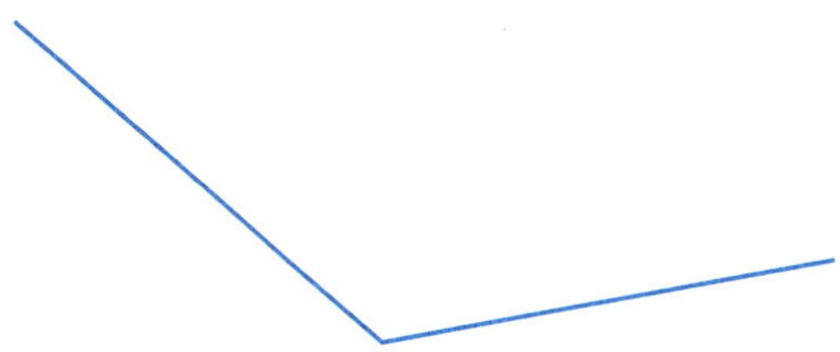

**11** **Construis** le triangle ABC, tel que :
AB = 8 cm ; AC = 6 cm ; BC = 5 cm.

**Trace** la hauteur de ce triangle issue du sommet C.

**Place** le point H où cette hauteur coupe [AB].

**Trace** la parallèle à (AB) passant par C.

## Mesures

| Objectifs des apprentissages | Évaluation |
|---|---|
| 12. Connaître les unités de longueur et de volume. | |
| 13. Périmètre et aire du triangle, du losange. | |

**12** **Complète** les égalités ci-dessous.

1 hm = ................. m

0,45 km = ................. m

1 ha = ................. $m^2$

1 $dm^3$ = ................. $cm^3$

1,5 $m^3$ = ................. $dm^3$ = ................ L

**13** **Calcule** le périmètre et l'aire de ce losange formé de l'assemblage de 4 triangles rectangles identiques.

Périmètre : ..................................................

..................................................................

Aire : ..........................................................

..................................................................

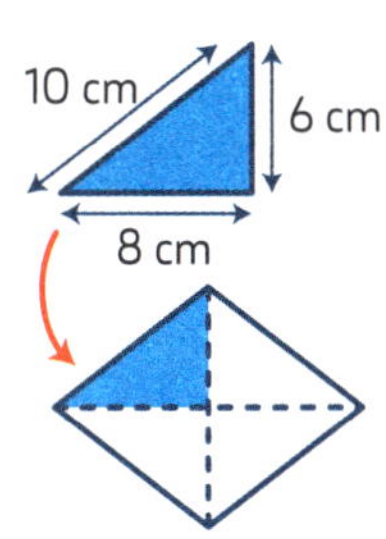

# 13 La proportionnalité : la masse volumique et l'échelle des plans et des cartes

| | |
|---|---|
| **Objectifs de l'apprentissage** | Reconnaître et calculer la masse volumique d'un corps liquide ou solide et l'utiliser dans des situations de proportionnalité. Effectuer des calculs en utilisant les échelles des plans et des cartes. |
| **Calcul mental** | **Diviser une fraction par un entier.** Écrire : $\frac{5}{7} \div 2 = \ldots$ ; l'élève écrit $\frac{5}{14}$. |

............... ............... ............... ............... ...............

## Construction du concept

**1** On veut savoir si le sable est plus lourd que le gravier.

- Voici la masse de différents volumes de sable. **Complète.**

**La masse et le volume sont-ils proportionnels ?** ...................................

| Masse de sable (kg) | 6 400 | 12 800 | 19 200 | ............ |
|---|---|---|---|---|
| Volume ($m^3$) | 4 | 8 | 12 | 1 |

Masse volumique (sable) = ........................ kg/$m^3$

En calculant la masse d'un $m^3$ de sable, tu as calculé la **masse volumique** du sable, exprimée ici en kg/$m^3$. La **masse volumique** est aussi le rapport entre la masse et le volume.

- Un camion qui transporte 10 $m^3$ de gravier a un chargement de 15 000 kg. **Calcule** la masse volumique du gravier pour la comparer à celle du sable.

Masse volumique (gravier) = $\frac{\text{Masse (gravier)}}{\text{Volume (gravier)}}$ = $\frac{\ldots\ldots\ldots\ldots}{\ldots\ldots\ldots\ldots}$ = ............. kg/$m^3$

**Complète** avec **<** ou **>**. Masse volumique (sable) ......... Masse volumique (gravier)

**2** La masse volumique des liquides se calcule en g/mL ou en kg/L.
**Calcule** la masse volumique de ces trois liquides en g/mL.
**Complète.**

Tu sais que 1 mL = 1 $cm^3$. Donc 1 g/mL = 1 g/$cm^3$.

- 1 L d'eau pèse 1 kg. ➔ ......... mL d'eau pèse ......... g. Masse volumique de l'eau : .........................
- 750 $cm^3$ d'huile pèsent 675 g. ➔ ......... mL d'huile pèsent 675 g. Masse volumique de l'huile : ......................
- 50 cL de sirop pèsent 515 g. ➔ ......... mL de sirop pèsent 515 g. Masse volumique du sirop : .........................

Lequel est plus léger que l'eau ? ............................ Lequel est plus lourd que l'eau ? ............................

**3** Sur une carte à l'échelle 1/1 000 000, Casablanca et Rabat sont distantes de 9,3 cm.

**Quelle distance réelle sépare ces deux villes ?**

1 cm sur la carte représente ............................................ cm dans la réalité.

9,3 cm sur la carte représente ...................................... cm dans la réalité.

Distance Casablanca-Rabat : ................................................ cm = .......................... km

L'échelle représente le rapport entre la distance réelle et la distance sur la carte, exprimées dans la même unité.

## Activités de mathématisation

**4** Un volume de 3 L de sucre en poudre pèse 1 800 g.
**Complète** le tableau.

| Masse (g) | 1 800 | ............... | ............... | ............... | 900 | 4 500 |
|---|---|---|---|---|---|---|
| Volume (L) | 3 | 1 | 40 | 50 | ............... | ............... |

**Colorie** la colonne dans laquelle tu peux lire la masse volumique du sucre en poudre.

**En quelle unité cette masse volumique est-elle exprimée ?** ........./.........

**5** La masse volumique de l'eau est de 1 kg/L.

Le bois de teck africain a une masse volumique de 977 g/dm$^3$.

Masse volumique du teck : ...................... kg/L

La pierre ponce est une roche volcanique. 1 dm$^3$ de pierre ponce pèse 910 g.

Masse volumique de la pierre ponce : ...................... kg/L

Le bois d'ébène est un bois précieux très dense. 1 dm$^3$ d'ébène pèse 1 150 g.

Masse volumique de l'ébène : ...................... kg/L

**Quels sont les matériaux qui flottent ?** ..........................................................................................

**6** Yanis possède une carte à l'échelle 1/25 000.

**Quelle longueur réelle représente une longueur de 1 cm sur la carte ?** ......................... cm = .................... m

**Quelle est sur la carte, en cm, la longueur d'une distance réelle de 1 km ?**

..........................................................................................................................

Yanis effectue une randonnée de 8,5 km.

**Quelle est la longueur de cette randonnée sur sa carte ?** ..................... cm

..........................................................................................................................

## Évaluation formative

**7** **Complète** le tableau de proportionnalité indiquant la masse et le volume du beurre.

| | | | |
|---|---|---|---|
| **Masse (g)** | ............... | 850 | 170 |
| **Volume (L)** | 5 | 1 | ............... |

**Quelle est la masse volumique du beurre en g/mL ?**

..........................................................................................

**8** **Coche** les réponses exactes.

Sur une carte à l'échelle 1/50 000 :

- ☐ 1 cm sur la carte représente 50 000 m réels.
- ☐ 1 cm sur la carte représente 500 m réels.
- ☐ 1 km réel est représenté par 2 cm sur la carte.
- ☐ 1 km réel est représenté par 1 cm sur la carte.

**9** La distance réelle à vol d'oiseau entre Marrakech et Essaouira est de 168 km.

Sur une carte à l'échelle 1/2 000 000, 1 cm représente ............................... cm, soit .......... km.

**Quelle sera, en cm, la distance sur la carte entre Marrakech et Essaouira ?**

..........................................................................................................................

Sur la même carte, les villes de Tanger et Fes sont distantes de 10,4 cm.

**Quelle distance réelle, en km, sépare ces deux villes ?**

..........................................................................................................................

## Consolidation — Remédiation — Approfondissement

**10** **Complète.**

| | | |
|---|---|---|
| **Distance réelle (cm)** | 50 000 | ............... |
| **Distance sur la carte (cm)** | ............... | 3,5 |

$\times \frac{1}{10\,000}$

**11** Un cube en bois de chêne de 125 cm$^3$ pèse 87,5 g, un cube en cèdre de 1 000 cm$^3$ pèse 520 g.

**Quel est le bois le plus lourd ?**

..........................................................................................

..........................................................................................

..........................................................................................

# 14 Organisation et traitement des données (1)

| ............ | ............ | ............ | ............ | ............ |
|---|---|---|---|---|

| | |
|---|---|
| **Objectifs de l'apprentissage** | Organiser et présenter des données dans un tableau, un graphique à colonnes, un graphique à bâtons, un graphique à lignes brisées ou un diagramme circulaire. |
| **Calcul mental** | **Diviser une fraction par une fraction.** Écrire : $\frac{5}{7} \div \frac{3}{2} = \dots$ ; l'élève écrit : $\frac{10}{21}$. |

## Construction du concept

**1** Habib a participé à un triathlon.
Il a effectué 2 km de natation, 40 km de cyclisme et 8 km de course à pied.
On veut représenter ces distances sur un graphique circulaire.

### Étape 1 - Calcul des proportions

- **Complète** les deux premières lignes du tableau de droite.

..................................................................

..................................................................

..................................................................

| Épreuve | Cyclisme | Course | Natation | Total |
|---|---|---|---|---|
| Distance | 40 km | ......... km | ......... km | ......... km |
| Proportion | 80 % | ......... % | ......... % | 100 % |
| Angle du secteur | .........° | .........° | .........° | 360° |

### Étape 2 - Calcul des angles des secteurs

La distance totale parcourue est représentée par le disque tout entier.
La distance de chaque épreuve est représentée par un secteur du disque.

- **Calcule** l'angle des trois secteurs correspondant à chaque épreuve.
- **Complète** la troisième ligne du tableau.
- **Complète** la légende.
- **Trace** le secteur correspondant à la course.
- **Colorie** les secteurs bleu et jaune.

Légende :
- (rouge) Cyclisme
- (bleu) ..............................
- (jaune) ..............................

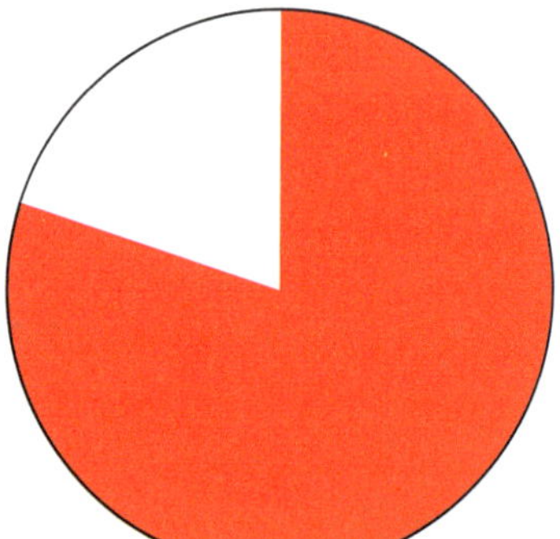

## Activités de mathématisation

**2** En 2015, un agriculteur produisait 7 500 kg de tomates. Sa production a doublé chaque année.
**Calcule** la masse de tomates produite en 2016, 2017, 2018, 2019 et 2020.
**Présente** ces données dans le tableau suivant.

| Année | 2015 | 2016 | .................. | .................. | .................. | .................. |
|---|---|---|---|---|---|---|
| ............................ ..................... (kg) | .................. | .................. | .................. | .................. | .................. | .................. |

**3** Voici le nombre d'habitants de 4 pays du nord de l'Afrique.

| Pays | Habitants (en millions) |
|---|---|
| Égypte | 100 |
| Tunisie | 11 |
| Maroc | 35 |
| Algérie | 43 |

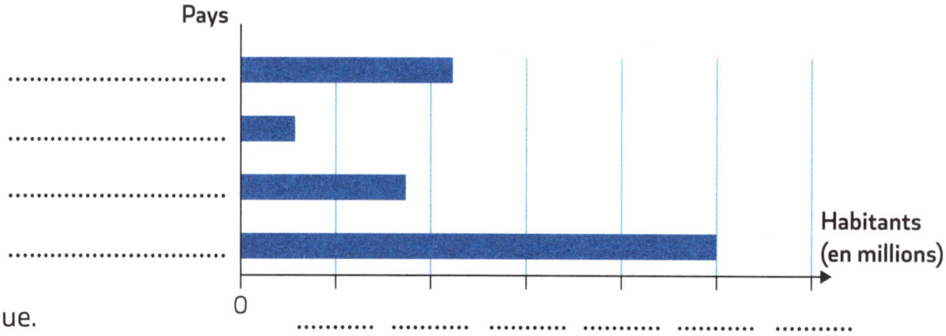


**Complète** les axes du graphique.

**4** Ali, le marchand de fruits secs, a présenté sa commande sous la forme d'un graphique en colonnes. Il veut maintenant la présenter sous la forme d'un graphique circulaire.
**Complète** le tableau, **complète** la légende, puis **trace** le graphique circulaire.

| Fruits | Abricots | Figues | Dattes | Amandes | Noix | Total |
|---|---|---|---|---|---|---|
| Masse (kg) | 200 | ............ | ............ | ............ | ............ | ............ |
| Proportion (%) | 20 | ............ | ............ | ............ | ............ | 100 |
| Angle du secteur (°) | 72 | ............ | ............ | ............ | ............ | 360 |

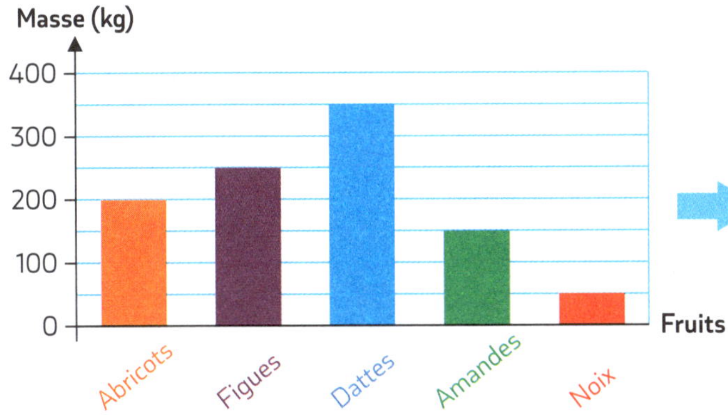


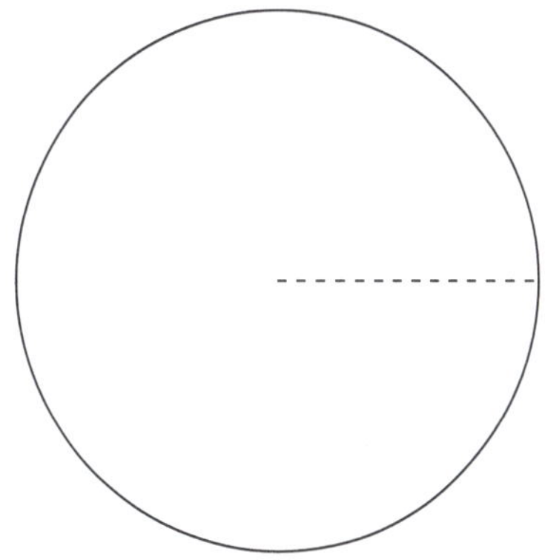

- ......................
- ......................
- ......................
- ......................
- ......................

## Évaluation formative

**5** On veut représenter les proportions du cocktail Bora Bora sous la forme d'un graphique circulaire.

- **Calcule** l'angle de chaque secteur.
- **Complète** le tableau.
- **Complète** la légende.
- **Trace** le graphique.

| Ingrédients | Jus d'ananas | Jus de fruit de la passion | Jus de citron | Sirop de grenadine | Total |
|---|---|---|---|---|---|
| Proportion (%) | 50 | 30 | 15 | 5 | 100 |
| Angle du secteur (°) | ............ | ............ | ............ | ............ | 360 |

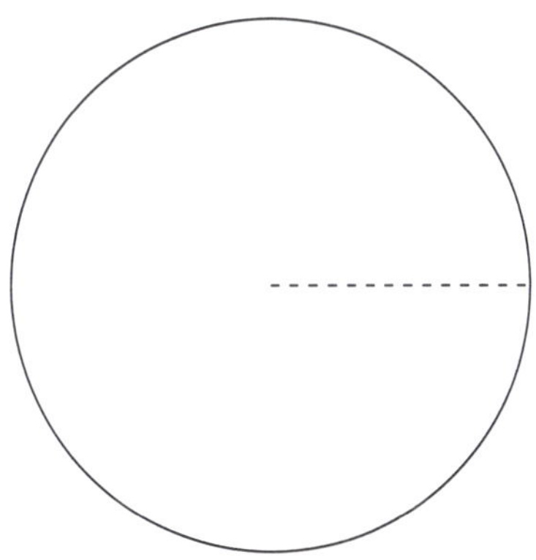

- ......................................
- ......................................
- ......................................
- ......................................

## Consolidation

**Remédiation**

**6** À partir du segment **noir**, **trace** en bleu un angle de 36°.

À partir de ce nouveau segment bleu, **trace** en rouge un angle de 94°.

Enfin, à partir de ce nouveau segment rouge, **trace** en vert un angle de 128°.



**Approfondissement**

**7** Pour son anniversaire, Anissa veut préparer 10 L de cocktail Bora Bora.

En utilisant les données de l'exercice 5, **construis**, sur ton cahier d'exercices, un graphique en colonnes qui représente les quantités des ingrédients nécessaires pour fabriquer les 10 L de cocktail.

# 15 Le volume du cube et du parallélépipède

| Objectifs de l'apprentissage | Déterminer le volume d'un cube et d'un parallélépipède en fonction d'unités arbitraires. Déduire la règle de calcul du volume d'un cube et d'un parallélépipède et le calculer. |
|---|---|
| Calcul mental | **Additionner un décimal à un décimal.** Écrire : 5,2 + 3,4 = … ; l'élève écrit : 8,6. |

............... ............... ............... ............... ...............

## Construction du concept

**1** Ce parallélépipède est formé de cubes de volume **u**.

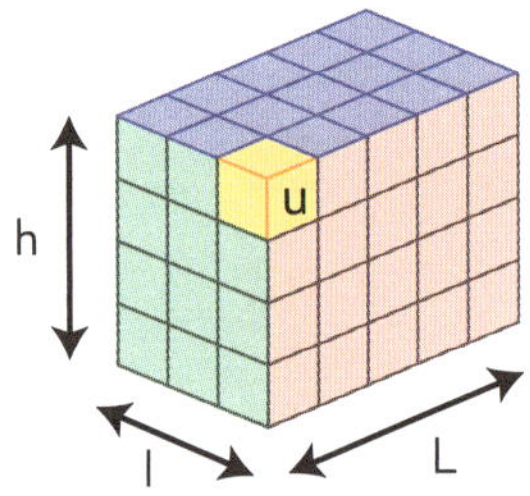


Rachid doit calculer le volume de ce parallélépipède en unités **u**.
Pour cela, il calcule le nombre de cubes formant ce solide.

**Complète.**

Nombre de cubes sur la largeur : l = .........

Nombre de cubes sur la longueur : L = .........

Nombre de cubes sur la hauteur : h = .........

Je multiplie le nombre de cubes d'une couche (L × l) par le nombre de couches (h).

Nombre total de cubes : ....... × ....... × ....... = ..........

Le volume de ce parallélépipède est égal à ........... **u**.

**$\text{Volume}_{\text{parallélépipède}} = L \times l \times h$**

**2** Fatima doit calculer le volume de ce cube en unités **u**.

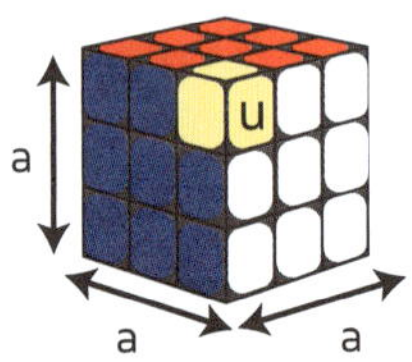


Nombre total d'unités **u** :

....... × ....... × ....... = ..........

Le volume de ce cube est égal à ........... **u**.

Le cube est un parallélépipède dont toutes les arêtes ont la même longueur **a**.
L = l = h = **a** (arête du cube)

**$\text{Volume}_{\text{cube}} = a \times a \times a$**

**3** Plutôt que d'utiliser des unités arbitraires **u**, on utilise les unités du système métrique.
Un cube de 1 m d'arête a un volume de 1 mètre cube ($m^3$).
Un cube de 1 cm d'arête a un volume de 1 centimètre cube ($cm^3$).

**Calcule**, en $cm^3$, le volume du parallélépipède et, en $m^3$, celui du cube jaune ci-dessous.

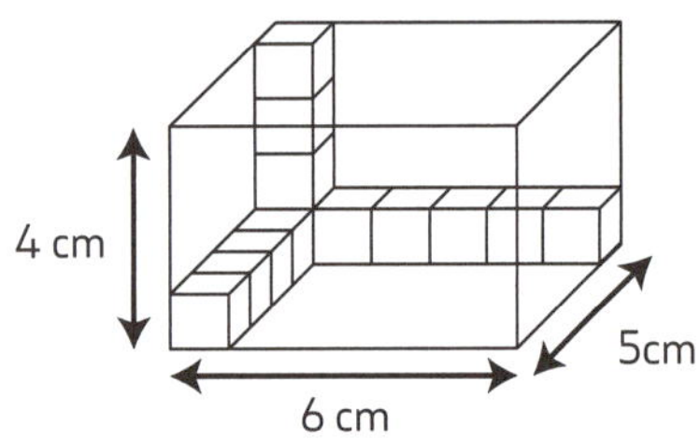


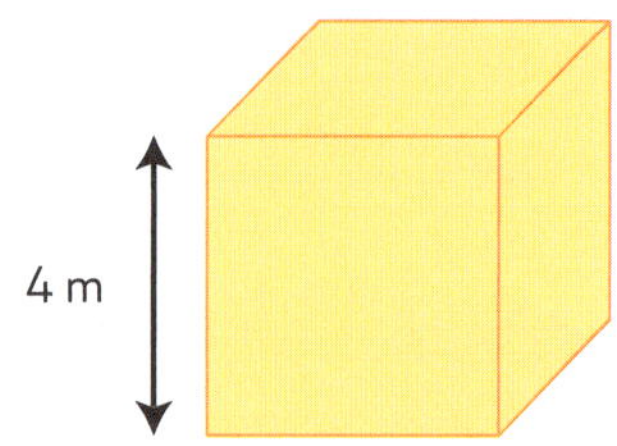


.................................................................

Volume du parallélépipède : .................. $cm^3$

.................................................................

Volume du cube : .......................... $m^3$

## Activités de mathématisation

**4** **Calcule**, en unités **u**, le volume de ce cube.

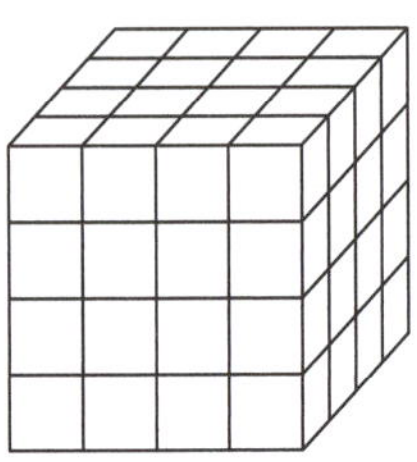

.............................................

.............................................

.............................................

**5** **Calcule**, en unités **u**, le volume de ce parallélépipède.

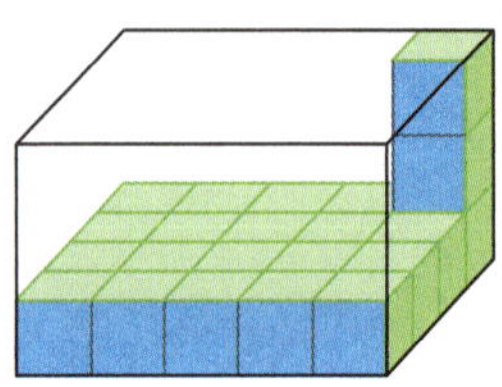

.............................................

.............................................

.............................................

**6** **Calcule**, en cm³, le volume d'un cube dont l'arête mesure 10 cm.

.................................................................................

.................................................................................

.................................................................................

**7** **Calcule**, en cm³, le volume d'un parallélépipède qui mesure 6 cm de largeur, 10 cm de longueur et 8 cm de hauteur.

.................................................................................

.................................................................................

**8** PROBLÈME Une citerne cubique a une arête de 1,20 m.
Elle ne contient plus qu'un tiers de son volume d'eau.

**Quel volume d'eau, en m³, contient-elle ?** ..........................................

.................................................................................

Le jardinier retire 5 arrosoirs de 12 L d'eau.

**Combien de litres d'eau reste-t-il dans la cuve ?** ..........................................

.................................................................................

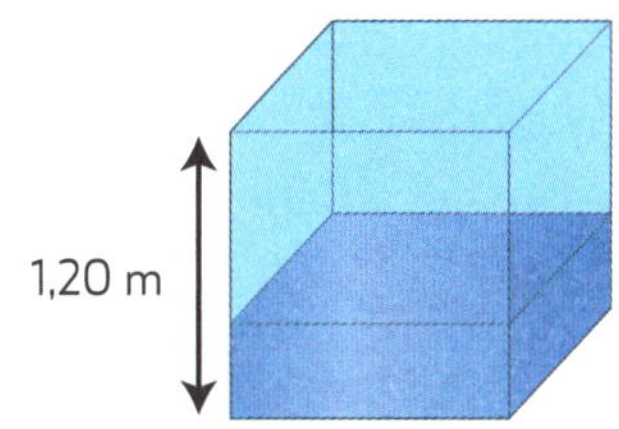


**9** PROBLÈME Une piscine contient 150 m³ d'eau. Elle a une longueur de 10 m et une largeur de 5 m.
**Quelle est la profondeur de cette piscine ?**

.................................................................................

.................................................................................

## Évaluation formative

**10** PROBLÈME L'aquarium d'Anissa mesure 100 cm de longueur, 4 dm de largeur et 50 cm de hauteur.
**Quel est le volume de cet aquarium en cm³ ?**

.................................................................................

.................................................................................

**11** Ce solide est formé d'un parallélépipède et d'un cube collés.

**Calcule** les dimensions du parallélépipède.

.................................................................................

**Calcule** son volume en cm³. ..........................................

**Calcule** le volume du cube en cm³. ..........................................

**Calcule** le volume du solide en cm³. ..........................................

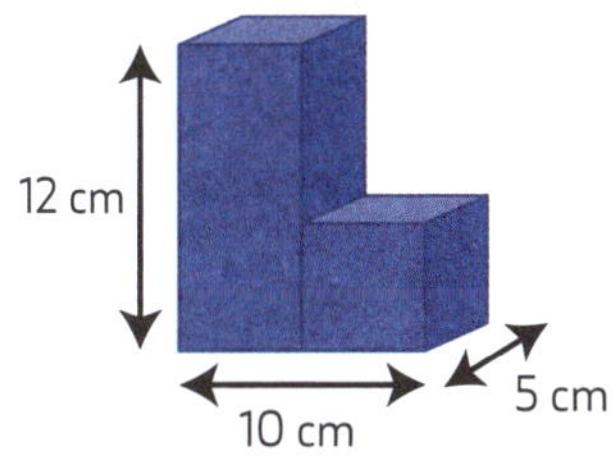


## Consolidation — Remédiation — Approfondissement

**12**

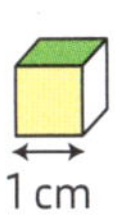


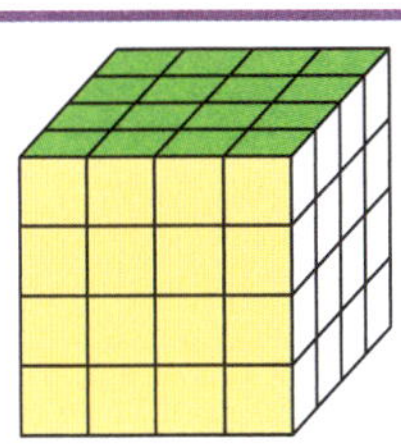

**Écris** le volume du petit cube : ..........................................
**Calcule** le volume du grand cube.

.................................................................................

**13** **Calcule** le volume en dm³ de ce parallélépipède constitué de cubes.

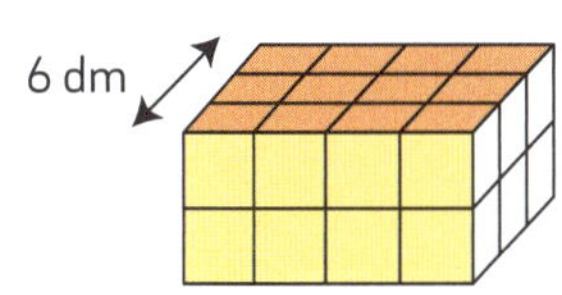


.................................................................................

.................................................................................

.................................................................................

# 16 Les nombres entiers naturels : la division euclidienne

| | |
|---|---|
| **Objectifs de l'apprentissage** | Reconnaître une situation de division euclidienne et l'égalité qui la caractérise. Utiliser la technique usuelle de la division euclidienne pour calculer le quotient entier ou décimal de deux nombres entiers naturels. |
| **Calcul mental** | **Soustraire un décimal à un décimal.** Écrire : 5,7 – 3,2 = … ; l'élève écrit : 2,5. |

............ ............ ............ ............ ............

## Construction du concept

**1** Samira possède un stock de 3 200 petites perles.
Elle fabrique des colliers de 125 perles.
Pour savoir combien elle pourra fabriquer de colliers et combien il lui restera de perles, elle pose la division.

**Termine** son calcul.

**Complète**.

| | | | | | | |
|---|---|---|---|---|---|---|
| | 3 | 2 | 0 | 0 | 1 2 5 | |
| 2 × 125 → | – | 2 | 5 | 0 | 2 .... | |
| | | 7 | 0 | 0 | | |
| .... × 125 → | – | .... | .... | .... | | |
| | | | .... | .... | | |

dividende ; diviseur ; quotient ; reste

3 200 divisé par 125 → quotient ....... ; reste ........

3 200 = (.......... × 125) + ..........

**2** Youssef est éleveur, il a collecté 530 litres de lait dans sa cuve.
Il veut répartir son lait équitablement dans 12 bidons.
Pour savoir combien contiendra chaque bidon et combien de lait il restera, il pose la division. **Observe** cette division.

| | | | | |
|---|---|---|---|---|
| | 5 | 3 | 0 | 1 2 |
| – | 4 | 8 | | 4 4 |
| | | 5 | 0 | |
| | – | 4 | 8 | |
| | | | 2 | |

**Complète**. 530 = (........ × 12) + ....... ; il reste ......... litres de lait.

Youssef veut continuer à répartir le lait qu'il reste dans les 12 bidons.
Il continue la division.
**Lis** sa technique, puis **termine** le calcul.

| | | | | | |
|---|---|---|---|---|---|
| | 5 | 3 | 0 | ,0 | 1 2 |
| – | 4 | 8 | | | 4 4 ,.... |
| | | 5 | 0 | | |
| | – | 4 | 8 | | |
| | | | 2 | ,0 | |
| | | – | .... | ,.... | |
| | | | .... | ,.... | |

**Complète**.

530 = (..... , ..... × 12) + ..... , ..... ; il reste ..... , ..... litres de lait.

## Activités de mathématisation

**3** **Calcule** le quotient entier et le reste de ces divisions.

| Dividende | Diviseur |
|---|---|
| 9 1 4 | 2 8 |

quotient : ....... ; reste : ..........

914 = (........ × 28) + ..........

| Dividende | Diviseur |
|---|---|
| 8 4 1 2 | 4 1 |

quotient : ....... ; reste : ..........

8 412 = (......... × 41) + ...........

| Dividende | Diviseur |
|---|---|
| 7 5 4 8 | 2 3 7 |

quotient : ....... ; reste : ..........

7 548 = (.......... × 237) + ...........

**4** **Calcule** le quotient et le reste de ces divisions. **Respecte** la virgule déjà placée au quotient.

| 4 2 5 | 1 3 |
|---|---|
| | …. ….,…. |

quotient : …… , …. ; reste : …. , ….

425 = (…… , ….. × 13) + …. , ….

| 7 9 1 7 | 4 0 2 |
|---|---|
| | …. ….,…. |

quotient : …… , ….. ; reste : …. , ….

7 917 = (…… , …. × 402) + …. , ….

| 2 3 7 | 6 3 |
|---|---|
| | ….,…. …. |

quotient : …… , …. ; reste : …. , ….

237 = (…… , ….. × 63) + …. , ….

**5** PROBLÈME

Au grand prix de Formule 1 de Monza, en Italie, les pilotes parcourent 307 km en effectuant 53 tours de circuit.

**Combien mesure le tour du circuit de Monza, en km, à deux chiffres après la virgule ?**

……………………………………………………………………………

……………………………………………………………………………

## Évaluation formative

**6** **Calcule**.

| 1 5 6 8 | 7 2 |
|---|---|
| | …. ….,…. |

quotient : …… , …. ; reste : …. , …

1 568 = (…… , ….. × 72) + …. , ….

**7** PROBLÈME

Un groupe de 48 touristes part de Marrakech pour visiter Essaouira.
Le groupe a payé 21 696 Dh.

**Combien chaque touriste a-t-il payé pour cette excursion ?**

……………………………………………………………………………

……………………………………………………………………………

## Consolidation — Remédiation — Approfondissement

**8** Sans faire de calcul, **entoure** l'égalité qui correspond à chaque division.

- 4 568 divisé par 40 :

  4 568 = (114 × 40) + 8

  4 568 = (113 × 40) + 48

- 451 602 divisé par 174 :

  451 602 = (2 594 × 174) + 246

  451 602 = (2 595 × 174) + 72

**9** **Corrige** cette division sur ton cahier d'exercices.

| 1 8 9 7 | 2 5 |
|---|---|
| - 1 7 5 | 7 5 4 |
| 1 4 7 | |
| - 1 3 5 | |
| 1 2 0 | |
| - 1 0 0 | |
| 2 0 | |

# B4 Bilan de l'unité 4

## Évaluation sommative

**1** Ce tableau de proportionnalité indique la masse et le volume du sable sec.
**Utilise** ce tableau pour calculer la masse volumique du sable sec en kg/m³.

| Masse (kg) | 8 000 | ............... |
|---|---|---|
| Volume (m³) | 5 | ............... |

Masse volumique du sable sec : ...............................

*Calculer la masse volumique connaissant la masse et le volume.*

**2** Une carte est à l'échelle 1/50 000.
**Complète** la première colonne du tableau.

| Distance sur la carte (cm) | 1 | ................. |
|---|---|---|
| Distance réelle (cm) | ................. | ................. |

**Sur la carte, à quelle longueur en cm correspond une promenade de 6 km dans la réalité ? Complète** la deuxième colonne du tableau.

..........................................................................................................................................

*Effectuer des calculs en utilisant les échelles des plans et des cartes.*

**3** **Observe** ce graphique qui représente les ventes de vêtements d'une boutique.
**Complète** la légende.

- Chemises : 45 % des ventes
- Pantalons : 30 % des ventes
- T-shirts : 20 % des ventes
- Blousons : 5 % des ventes

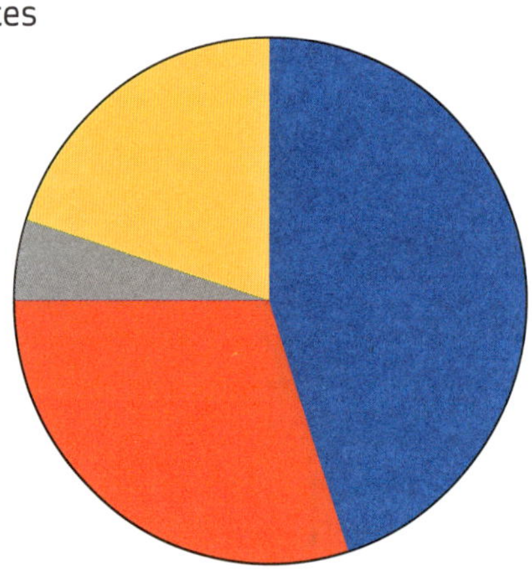

■ ...................................
■ ...................................
■ ...................................
■ ...................................

Sur ce graphique, quel est l'angle du secteur correspondant à la vente de T-shirts ?

**Coche** la mesure correcte.

☐ 45° ☐ 60° ☐ 72° ☐ 90°

*Organiser et présenter des données dans un diagramme circulaire.*

**4** Un grand aquarium a une longueur de 1,5 m, une largeur de 40 cm et une hauteur de 6 dm.
**Convertis** ses dimensions en dm, puis **calcule** son volume en dm³.

..........................................................................................................................................

..........................................................................................................................................

*Calculer le volume d'un parallélépipède.*

**5** Un championnat cycliste se déroule sur une distance de 224,4 km.
Pour parcourir cette distance, les coureurs effectuent 12 tours d'un même circuit.
**Quelle est la longueur de ce circuit au dixième de km près ?**

..........................................................................................................

..........................................................................................................

| 2 2 4 , 4 | 1 2 |
|---|---|

*Effectuer une division euclidienne au dixième près.*

## Consolidation

**1** La masse volumique de l'argile est 1 700 kg/m$^3$, donc 1 m$^3$ d'argile pèse .......................... kg.
Un camion transporte 4 m$^3$ d'argile.

**Quelle masse d'argile transporte-t-il ?**

.......................................................................................................................................................

Ce camion transporte ..................................................................... .

*Résoudre des situations-problèmes en utilisant la masse volumique.*

**2** Un bassin carré d'un marais salant mesure 50 m de côté.
La hauteur d'eau est de 15 cm.

**Combien ce bassin contient-il d'eau de mer, en m$^3$ ?**

**Convertis.** 15 cm = ......................... m

**Complète.** L = ............... m ; l = ....................... m ; h = ......................... m

**Calcule.** V = L × l × h = ..................................................................................................

Ce bassin contient .................................................................... .

*Résoudre des situations-problèmes en lien avec le calcul du volume d'un parallélépipède*

## Synthèse

**Masse volumique**

La masse est proportionnelle au volume.

La masse volumique est la valeur de la masse qui correspond à l'unité de volume.
On l'exprime en kg/m$^3$.

Masse volumique de l'argile : 1 700 kg/m$^3$

| Masse de l'argile (kg) | 8 500 | 1 700 |
|---|---|---|
| Volume de l'argile (m$^3$) | 5 | 1 |

**Échelle d'une carte**

L'échelle est le rapport entre une longueur représentée sur la carte et la même longueur **exprimée dans la même unité** dans la réalité.

Sur une carte à l'échelle 1/50 000, 1 cm représente 50 000 cm dans la réalité, soit 500 m.

**Volume d'un parallélépipède**

**V = Longueur × largeur × hauteur**

On exprime les trois dimensions dans la même unité, puis on les multiplie entre elles.

**Effectuer une division euclidienne au dixième près**

Pour prolonger une division euclidienne au-delà du reste entier, on abaisse le chiffre des dixièmes en plaçant une virgule au quotient et une virgule dans le reste.

| | | | | | |
|---|---|---|---|---|---|
| | 5 | 3 | 0 | , 0 | 1 2 |
| − | 4 | 8 | | | 4 4 , 1 |
| | | 5 | 0 | | |
| | − | 4 | 8 | | |
| | | | 2 | , 0 | |
| | | − | 1 | 2 | |
| | | | 0 | , 8 | |

$530 = (44{,}1 \times 12) + 0{,}8$

**Quotient au dixième près : 44,1**

**Reste : 0,8 (ou 8 dixièmes)**

# 17 Addition et soustraction de durées

| ............... | ............... | ............... | ............... | ............... |
|---|---|---|---|---|

| | |
|---|---|
| **Objectifs de l'apprentissage** | Additionner et soustraire les nombres dans le système sexagésimal. Résoudre des situations-problèmes. |
| **Calcul mental** | **Simplifier une fraction avec le plus petit dénominateur possible.** Simplifier : $\frac{5}{10}$ ; l'élève écrit : $\frac{5}{10} = \frac{1}{2}$. |

## Construction du concept

**1** Au Rallye des Gazelles du Maroc, Léa et Alia ont roulé pendant 7 h 38 min 42 s le premier jour, et 10 h 15 min 37 s le deuxième jour.
**Calcule** la durée de leur trajet.

1 h = 60 min
1 min = 60 s

| | | | |
|---|---|---|---|
| | 7 h | 38 min | 42 s |
| + | 10 h | 15 min | 37 s |
| | .......... h | .......... min | .......... s |
| | .......... h | .......... min | .......... s |

Conversion

Durée du trajet : ...............................................

Tu dois convertir :
- 60 s en 1 min ;
- 1 heure en 60 min.

**2** Le premier jour, Jamila et Yasmine ont roulé pendant 9 h 48 min 12 s. Elles sont arrivées à 20 h 25 min 40 s.
**À quelle heure ont-elles pris le départ ?**

Conversion

| | | | |
|---|---|---|---|
| | 20 h | 25 min | 40 s |
| | 19 h | .......... min | 40 s |
| – | 9 h | 48 min | 12 s |
| | .......... h | .......... min | .......... s |

Heure du départ : ...............................................

## Activités de mathématisation

Pose les calculs sur ton cahier d'exercices.

**3** **Calcule** en t'aidant des exercices 1 et 2.
- 12 h 2 min 51 s + 4 h 23 min 54 s
= ...............................................................
- 3 h 26 min 12 s – 1 h 3 min 40 s
= ...............................................................

**4** PROBLÈME Sara a couru un marathon en 3 h 25 min 12 s. Elle est partie à 9 h 55 min.
**À quelle heure est-elle arrivée ?**

..............................................................................................................................

## Évaluation formative

**5** **Calcule** sur ton cahier d'exercices.
- 25 h 42 min 9 s + 3 h 56 min 41 s
= ...............................................................
- 7 h 30 min – 2 h 27 min 30 s
= ...............................................................

**6** PROBLÈME Le train d'Abdel devait arriver à 18 h 42 mais il a eu du retard. Il est arrivé 1 h 26 min plus tard.
**À quelle heure le train est-il arrivé ?**

...............................................................
...............................................................

## Consolidation

### Remédiation

**7** **Complète.**
- 59 min + 1 min = ............... min = ........... h
- 59 s + 2 s = .............. s = .......... min .......... s
- 1 h – 10 min = ............... min
- 2 min – 1 s = ........... min ........... s = ........... s

### Approfondissement

**8** **Calcule** sur ton cahier d'exercices.
- 5 h 52 min 41 s + 5 h 52 min 41 s
= ...............................................................
- 10 h 20 min 20 s – 2 h 32 min 40 s
= ...............................................................

Attention, tu dois faire deux conversions !

# 18 Constructions géométriques (2)

| Objectifs de l'apprentissage | Connaître et utiliser les propriétés géométriques des figures usuelles, pour réaliser des constructions géométriques à l'aide des instruments de mesure géométriques. |
|---|---|
| Calcul mental | **Donner l'écriture à virgule d'une fraction décimale.** Donner l'écriture à virgule de $\frac{13}{10}$ ; l'élève écrit : $\frac{13}{10} = 1{,}3$. |

## Construction du concept

**1** **Observe** la figure et **réponds** aux questions. O est le centre du cercle bleu.

- **Que représente le segment [OR] pour le cercle bleu ?**

..........................................................................................

- **Quelle est la nature du quadrilatère ABCD ?** ........................................
- **Quelle est la longueur des segments [AB], [BC], [CD], [DA] ?**

AB = .................. ; BC = .................. ; CD = .................. ; DA = ..................

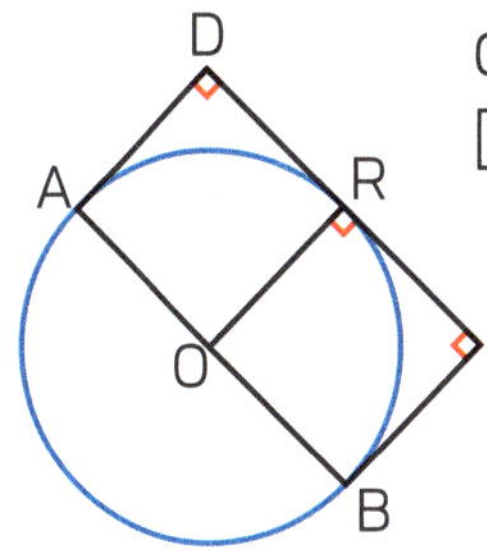


OR = 8 cm
[AB] // [DC]

## Activité de mathématisation

**2** **Trace** un segment [CD] avec les propriétés suivantes :
- [CD] et [AB] se coupent en leur milieu M ;
- [CD] est perpendiculaire à [AB] ;
- CD = 4 cm.

AB = 6 cm

**Trace** le quadrilatère ACBD.

**Quelle est la nature de ce quadrilatère ?** ................................

**Trace** le triangle AMF : angle $\widehat{A}$ = 45° et MF = 3 cm.

**Quelle est la nature de l'angle $\widehat{AMF}$ ?** ....................................

**Quelle est la nature du triangle AMF ?** ..................................

## Évaluation formative

**3** **Effectue** le programme de construction suivant.
[FH] est une diagonale du carré EFGH.
- **Trace** la deuxième diagonale [EG].
- **Trace** le carré EFGH.

Les diagonales de ce carré se coupent au point M.
- **Trace** le cercle $\mathscr{C}$ de centre M et de diamètre [FH].

**Que peux-tu dire des points E et G ?**

..........................................................................................................

## Consolidation

### Remédiation

**4** Quelles figures sont des parallélogrammes ?

.............................. sont des parallélogrammes.

### Approfondissement

**5** Cette figure est composée d'un carré, d'un cercle de centre O et d'un losange.
Sur ton cahier d'exercices, **calcule** les longueurs AB et CD en expliquant ton raisonnement.

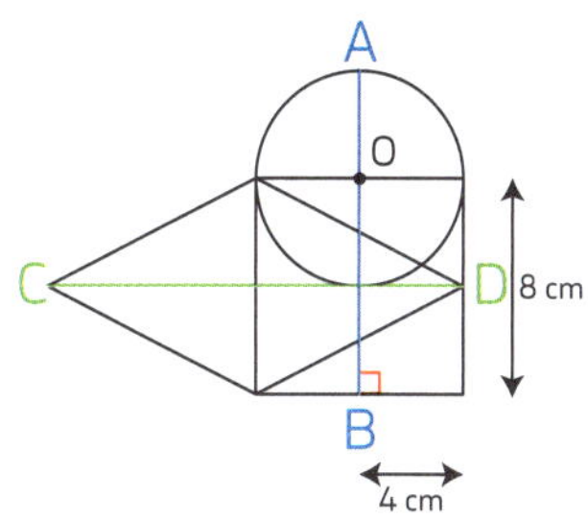

# 19 La symétrie axiale ou la réflexion

| | |
|---|---|
| **Objectifs de l'apprentissage** | Tracer une figure identique par rapport à un axe donné sur une grille quadrillée.<br>Déduire certaines propriétés de la symétrie axiale (conservation de la distance et conservation des angles). |
| **Calcul mental** | **Écrire un décimal sous la forme d'une fraction décimale.**<br>Écrire la fraction décimale égale à 0,52 ; l'élève écrit : $0{,}52 = \frac{52}{100}$. |

## Construction du concept

**1** **Trace** le symétrique de cette figure par rapport à l'axe **rouge**.

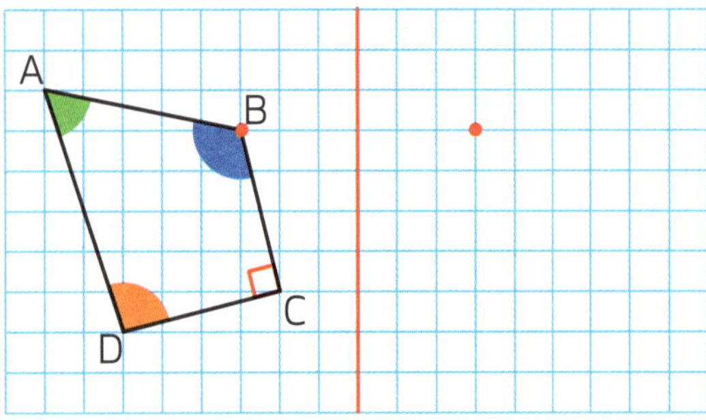


**Mesure** chaque segment de la figure et son symétrique. **Que constates-tu ?**

..........................................................................

Sur la figure symétrique, **marque** l'angle droit, **colorie** en **vert** l'angle égal à l'angle $\widehat{A}$, en **bleu** l'angle égal à l'angle $\widehat{B}$ et en **orange** l'angle égal à l'angle $\widehat{D}$.

Un point et son symétrique se situent à égale distance de l'axe de symétrie.

## Activité de mathématisation

**2** **Trace** le symétrique de la figure ABC par rapport à l'axe **rouge**.

Sur la figure symétrique, **colorie** en **vert** l'angle égal à l'angle $\widehat{A}$, en **rose** l'angle égal à l'angle $\widehat{B}$ et en **orange** l'angle égal à l'angle $\widehat{C}$.

Les côtés de la figure symétrique sont-ils égaux à ceux de la figure ABC ? ........................................

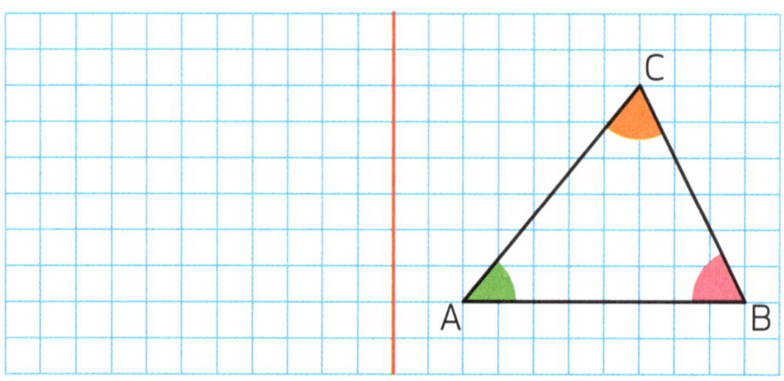


## Évaluation formative

**3** **Colorie** les deux figures symétriques par rapport à un des axes **rouges**.

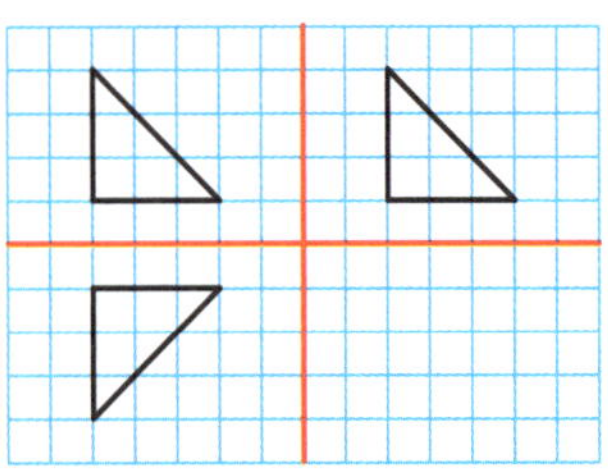

**4** **Trace** la figure symétrique de ce triangle puis, sur celle-ci, **colorie** les angles de la même couleur que leur symétrique.

**Marque** sur la figure symétrique les segments de même longueur que ceux de la figure d'origine.

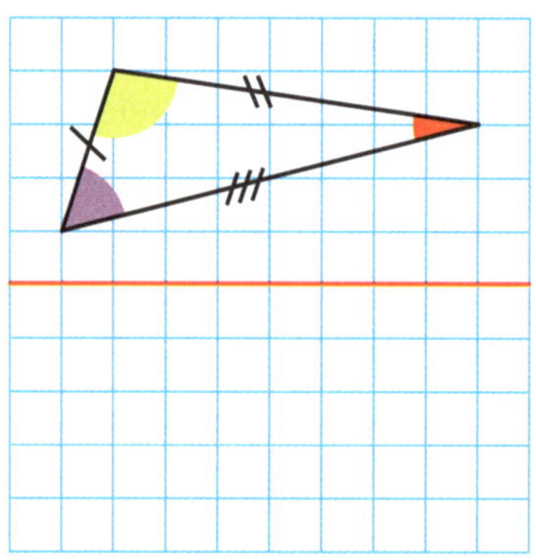

## Consolidation

### Remédiation

**5** **Trace** l'axe de symétrie entre ces deux figures symétriques.

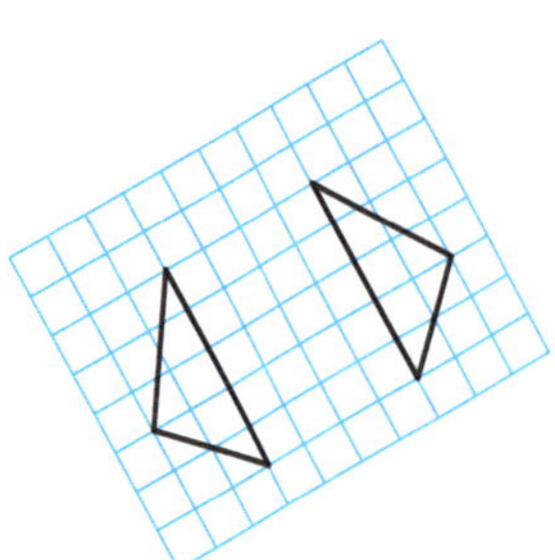

### Approfondissement

**6** **Trace** le symétrique de la figure noire par rapport à l'axe **rouge**.

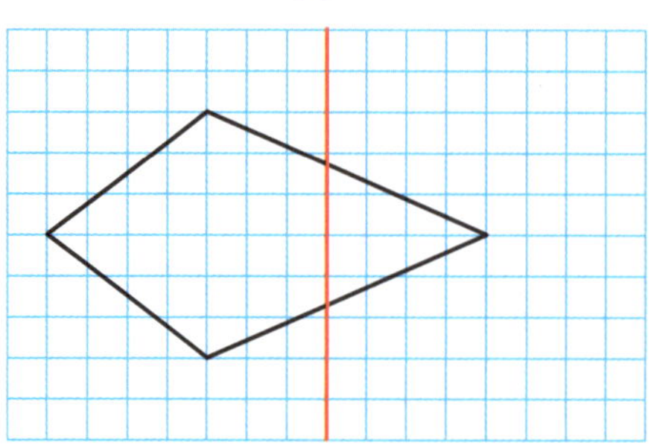

# 20 Mesure de la circonférence d'un cercle et de l'aire d'un disque

| | |
|---|---|
| **Objectifs de l'apprentissage** | Appliquer la règle de calcul de la circonférence d'un cercle pour trouver la circonférence d'un cercle ou d'un arc (quart ou demi-cercle). Utiliser la règle de calcul de la surface d'un disque pour trouver la surface d'un disque ou d'une partie du disque. |
| **Calcul mental** | **Périmètre du carré et du rectangle.** Écrire : Périmètre en cm d'un rectangle de 8 cm de large et 12 cm de long (figure schématique au tableau) ; l'élève écrit : 40 cm. |

............... ............... ............... ............... ...............

## Construction du concept

**1** La circonférence d'un cercle, notée $\mathscr{L}$, est donnée par la formule : $\mathscr{L} = \pi \times D$

D est le diamètre du cercle.

$\pi$ se lit « Pi » et représente le nombre 3,14159265... que l'on peut arrondir à 3,14 ou à 3,1416.

**Calcule**, en cm, la circonférence d'un cercle de 50 m de rayon.

..........................................................................................

Choisis l'arrondi de $\pi$ qui correspond à la précision demandée.

**2** L'aire d'un disque, notée $\mathscr{A}$, est donnée par la formule : $\mathscr{A} = \pi \times R^2 = \pi \times R \times R$

R est le rayon du disque.

**Calcule**, en $cm^2$, l'aire d'un disque de 20 cm de rayon.

..........................................................................................

## Activités de mathématisation

**3** PROBLÈME Un géomètre utilise une roue de mesure d'un diamètre de 30 cm.

**Quelle distance, en m, parcourt le géomètre quand la roue effectue 100 tours ?**

..........................................................................................

**4** PROBLÈME Une piste d'athlétisme fait le tour d'un stade formé d'un rectangle de 40 m de large et 90 m de long complété par deux demi-cercles de 40 m de diamètre.

**Quelle distance, en m, parcourt un sprinter qui effectue le trajet rouge AD ?**

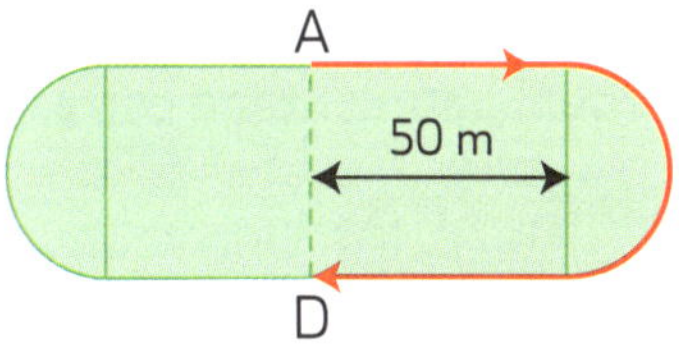


..........................................................................................

## Évaluation formative

**5** **Calcule** le périmètre P, en m, et l'aire A, en $m^2$, de la piste d'athlétisme de l'exercice 4.

P = ..........................................................................................

A = ..........................................................................................

## Consolidation

### Remédiation

**6** La circonférence d'un cercle mesure 314 m.

**Coche** la réponse exacte :

☐ Son rayon est égal à 100 m.

☐ Son diamètre est égal à 100 m.

**Calcule**, en $m^2$, l'aire du disque correspondant à ce cercle.

..........................................................................................

### Approfondissement

**7** **Quand on divise par 2 le rayon d'un cercle, par quel nombre divise-t-on sa circonférence ?**

..........................................................................................

**Par quel nombre divise-t-on l'aire du disque correspondant ?**

..........................................................................................

# 21 La proportionnalité : le pourcentage et la vitesse moyenne

| | |
|---|---|
| **Objectifs de l'apprentissage** | Extraire et utiliser le pourcentage dans des situations de calculs. Calculer une vitesse moyenne. |
| **Calcul mental** | **Aire du carré et du rectangle.** Écrire : Aire en $cm^2$ d'un rectangle de 8 cm de large et 12 cm de long (figure schématique au tableau) ; l'élève écrit : 96 $cm^2$. |

............... ............... ............... ............... ...............

## Construction du concept

**1** Un magasin propose des soldes de 30 % sur ses prix affichés.

**Écris** ce pourcentage sous deux formes différentes : fractionnaire et décimale.

30 % = $\frac{\text{......}}{100}$ = ...... , ..........

**Calcule** les nouveaux prix en te servant de l'exemple ci-dessous :

150 Dh → 150 Dh – ($\frac{30}{100}$ × 150 Dh) = 150 Dh – (0,30 × 150 Dh) = 150 Dh – 45 Dh = 105 Dh

210 Dh → 210 Dh – (0,30 × 210 Dh) = ..........................................................................................

**2** Un cycliste a gravi un col de 4 km de long en 20 min, puis il a dévalé la descente de 8 km en seulement 10 min.

**Quelle est sa vitesse moyenne, en km/h, sur l'ensemble de son trajet ?**

Vitesse moyenne = $\frac{\text{Longueur du trajet}}{\text{Durée du trajet}}$ = $\frac{\text{.......... km}}{\text{.......... h}}$ = .............. km/h

## Activités de mathématisation

**3** PROBLÈME Une console de jeux valait 800 Dh pendant les soldes de janvier. Après les soldes, elle coûte 960 Dh.

**De combien a-t-elle augmenté ?** ..........................................................................

**À quel pourcentage correspond cette augmentation ?** ..........................................................................

**4** PROBLÈME Une voiture parcourt un trajet de 120 km en 1 h 20 min.

**Quelle est sa vitesse moyenne en km/h ?** ..........................................................................

**Quelle distance parcourra-t-elle à la même vitesse en 2 h 30 min ?** ..........................................................................

## Évaluation formative

**5** PROBLÈME L'effectif d'une école a augmenté de 10 % en un an. À la rentrée précédente, il était de 350 élèves.

**Combien d'élèves sont inscrits à la nouvelle rentrée ?**

..........................................................................

## Consolidation

### Remédiation

**6** Karim a parcouru 500 m en 2 min.

**Combien de mètres parcourt-il en 1 h ?**

..........................................................................

**Quelle est sa vitesse en km/h ?**

..........................................................................

### Approfondissement

**7** PROBLÈME Un vélo coûtait 2 500 Dh, son prix a augmenté de 20 % la première année, puis de 10 % l'année suivante.

**Quel est le prix de ce vélo ?**

..........................................................................

..........................................................................

# 22 Mesure des surfaces latérale et totale des solides usuels

| | |
|---|---|
| **Objectifs de l'apprentissage** | Utiliser des méthodes simples pour trouver la surface latérale et totale d'un cube, d'un parallélépipède, d'un prisme droit et d'un cylindre. |
| **Calcul mental** | **Unités de volume et de contenance.** Écrire : Compléter 1 m³ = ... dm³ ; l'élève écrit : 1 m³ = 1 000 dm³. |

## Construction du concept

**1** **Observe** les solides ci-contre.
**Complète**.

Les bases sont colorées en ........................ .

Les surfaces latérales sont colorées en ........................ .

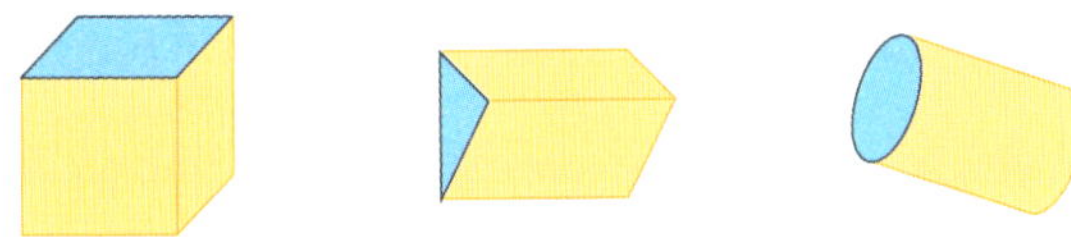

$$\text{Aire}_{\text{surface totale}} = \text{Aire}_{\text{surface latérale}} + (\text{Aire}_{\text{surface base}} \times 2)$$

**2** Sur le patron de ce cylindre, **colorie** sa surface latérale en jaune.
La longueur du rectangle jaune est égale au périmètre de la base bleue.

**Calcule**, en cm, la longueur du rectangle jaune.

........................................................................................

**Calcule**, en cm², l'aire de la surface latérale jaune.

........................................................................................

**Calcule**, en cm², l'aire de la base bleue.

........................................................................................

**Calcule**, en cm², l'aire de la surface totale du cylindre.

........................................................................................

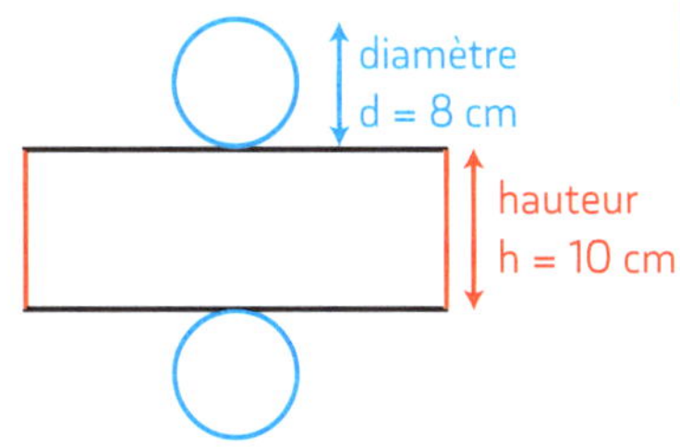


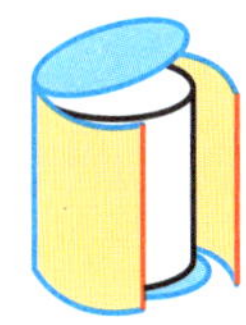

$$\text{Aire}_{\text{surface latérale}} = \text{Périmètre}_{\text{base}} \times h$$

**h = hauteur du solide**

## Activité de mathématisation

**3** L'aire de la base de ce prisme est égale à 150 cm².
**Calcule**, en cm², l'aire de la surface latérale de ce prisme.

........................................................................................

**Calcule**, en cm², l'aire de la surface totale de ce prisme.

........................................................................................

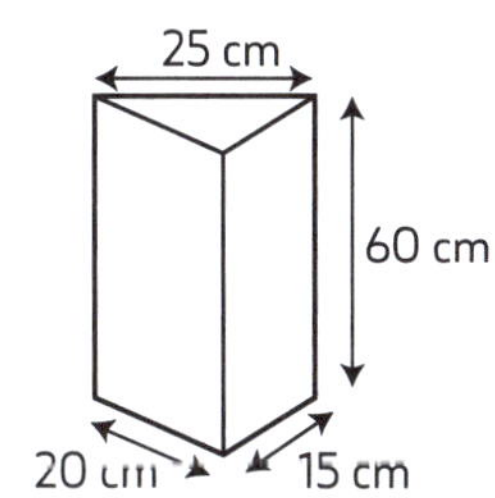


## Évaluation formative

**4** **Observe** ce parallélépipède posé sur une de ses faces carrées.

**Calcule**, en dm², l'aire de la surface latérale de ce solide.

........................................................................................

........................................................................................

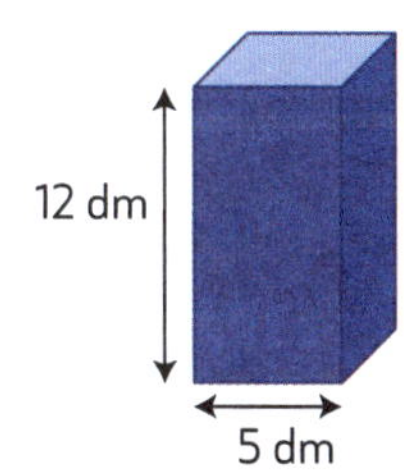


## Consolidation

### Remédiation

**5** **Calcule** l'aire de la surface latérale et de la surface totale de ce cube.

........................................................

........................................................

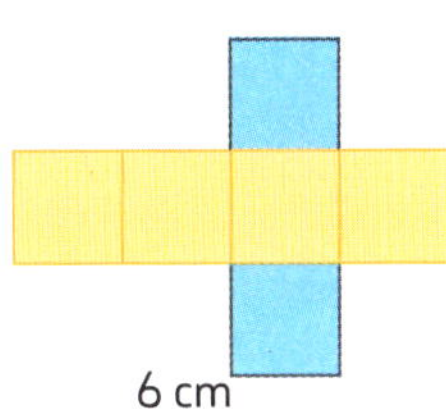


### Approfondissement

**6** Voici le patron d'un prisme.
**Calcule**, sur ton cahier, l'aire de la surface totale de ce prisme.

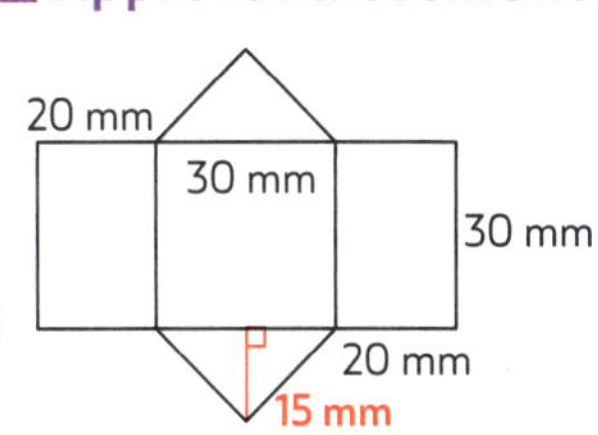

# 23 Le volume du prisme droit et du cylindre

| | |
|---|---|
| **Objectifs de l'apprentissage** | Calculer le volume d'un prisme droit et d'un cylindre droit à partir de leurs règles de calcul. |
| **Calcul mental** | **Unités de durée.** Écrire : Compléter 145 min = ... h ... min ; l'élève écrit 2 h 25 min. |

## Construction du concept

**1** Un solide droit est fabriqué à partir d'une base plane qu'on « tire en hauteur ».

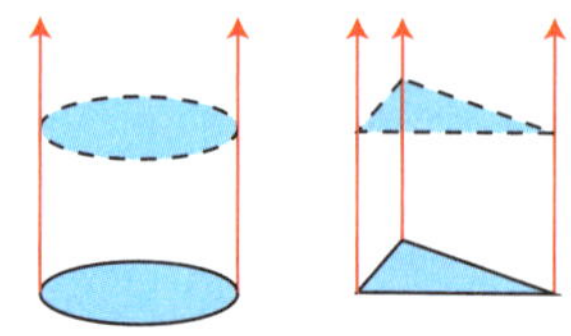

**Quel solide obtient-on avec une base triangulaire ?** ..........................................

**Quel solide obtient-on avec une base circulaire ?** ..........................................

Le volume est le produit de l'aire de la base par la hauteur.

**$\text{Volume}_{\text{solide droit}} = \text{Aire}_{\text{base}} \times \text{hauteur}$**

**2** **Complète** les calculs.

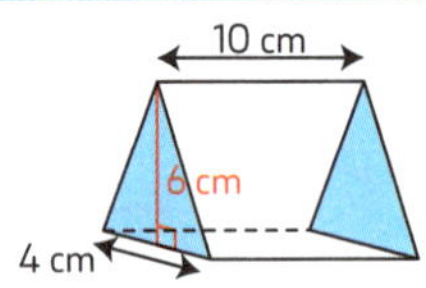


$\text{Aire}_{\text{triangle}} = \dfrac{\text{.........} \times \text{.........}}{\text{.............}} = \text{.........}\ \text{cm}^2$

$\text{Volume}_{\text{prisme}} = \text{.............} \times \text{.............} = \text{..........}\ \text{cm}^3$

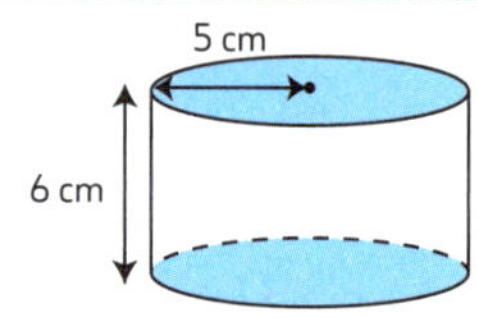


$\text{Aire}_{\text{disque}} = 3{,}14 \times \text{............} \times \text{............} = \text{.............}\ \text{cm}^2$

$\text{Volume}_{\text{cylindre}} = \text{.............} \times \text{............} = \text{.............}\ \text{cm}^3$

## Activités de mathématisation

**3** **Calcule**, en $m^3$, le volume du grenier de cette maison.

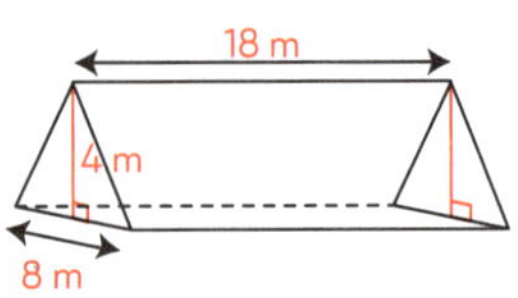


....................................

....................................

**4** PROBLÈME Une cuve de forme cylindrique mesure 6 m de profondeur et son ouverture est un cercle de 3 m de rayon.

**Quel volume d'eau en $m^3$ peut-elle contenir ?**

..........................................................................................

## Évaluation formative

**5** **Observe** cette tente fermée par une moustiquaire triangulaire.
**Calcule** l'aire, en $m^2$, de cette moustiquaire.

..........................................................................................

**Calcule** le volume, en $m^3$, de cette tente.

..........................................................................................

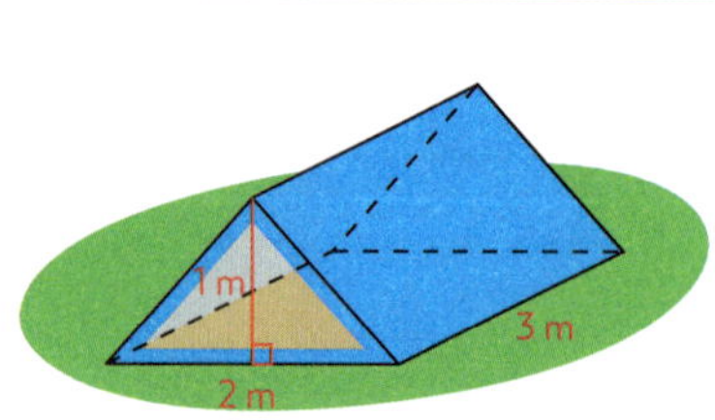


## Consolidation

### Remédiation

**6** Aire du disque orange = 200 $cm^2$.

Aire du triangle bleu = 100 $cm^2$.

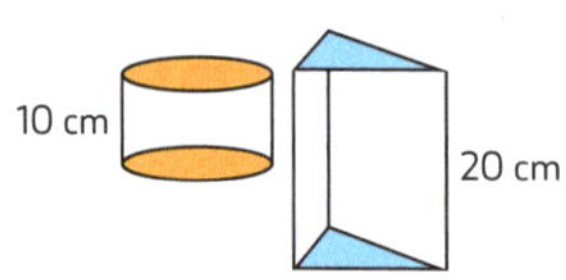


**Compare** les volumes de ces deux solides.

..........................................................................................

..........................................................................................

### Approfondissement

**7** Un tuyau d'arrosage a un diamètre intérieur de 2 cm et une longueur de 50 m.

**Calcule** la quantité d'eau qu'il contient en litres.

..........................................................................................

..........................................................................................

# 24 Organisation et traitement des données (2)

| | |
|---|---|
| **Objectifs de l'apprentissage** | Lire et interpréter les données d'un tableau, d'un graphique à colonnes, ou à bâtons ou d'un graphique à lignes brisées ou d'un diagramme circulaire. |
| **Calcul mental** | **Tables de multiplication.** Écrire : Compléter 4 × 9 = … ; l'élève écrit 36. |

............... ............... ............... ............... ...............

## Construction du concept

**1** **Observe** le tableau et le graphique à lignes brisées.
Ils présentent les mêmes données : la production des principales céréales du Maroc.

| Année | 2014 | 2015 | 2016 | 2017 | 2018 |
|---|---|---|---|---|---|
| **Blé, Orge, Maïs** (millions de t) | 6,8 | 5,6 | 3,7 | 9,8 | 10,4 |
| **Blé seulement** (millions de t) | 5,1 | 3,3 | 2,8 | 7 | 7,5 |

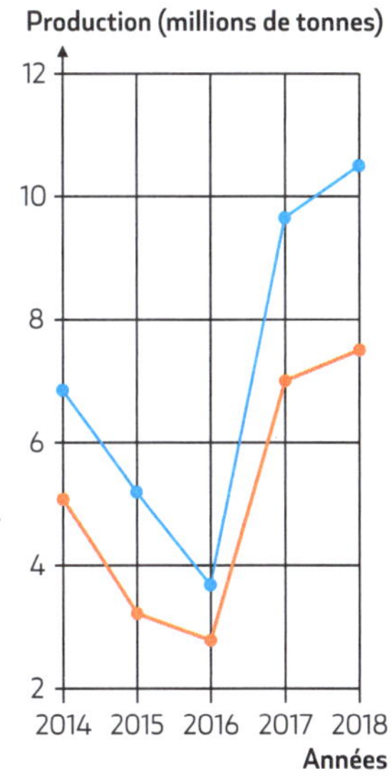


**Colorie** les deux lignes du tableau de la même couleur que les courbes correspondantes.

**Entre quelles années la production a-t-elle baissé ?** ...............................................

**Quelle a été la production de blé, en tonnes, en 2017 ?** ............................................ tonnes

**Calcule** la production d'orge et de maïs, en millions de tonnes, en 2018.

..........................................................................................................................................

## Activité de mathématisation

**2** Ce graphique en colonnes présente le nombre de voitures vendues au Maroc entre 2015 et 2017.

**Calcule** le nombre total de voitures vendues de 2015 à 2017.

..........................................................................................................

**Calcule** la différence entre les nombres de voitures vendues en 2015 et 2016. ...........................................................................

Pose les opérations sur ton cahier d'exercices.

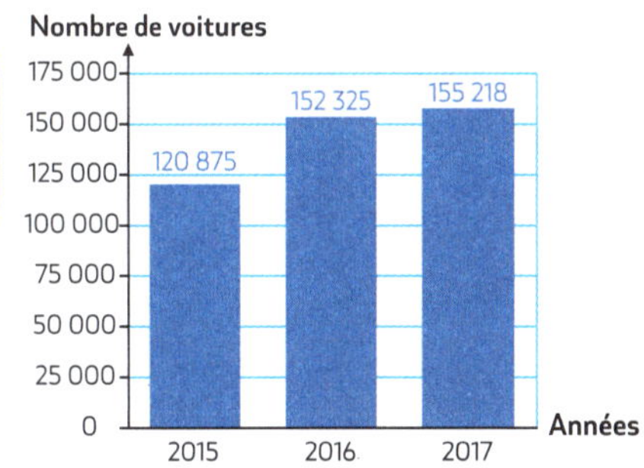


## Évaluation formative

**3** Voici un graphique en bâtons qui présente la superficie de trois pays africains méditerranéens.

**Quelle est la superficie de l'Égypte ?** ...........................................

**Quels pays ont une superficie supérieure à 1 200 000 km² ?**

..........................................................................................................

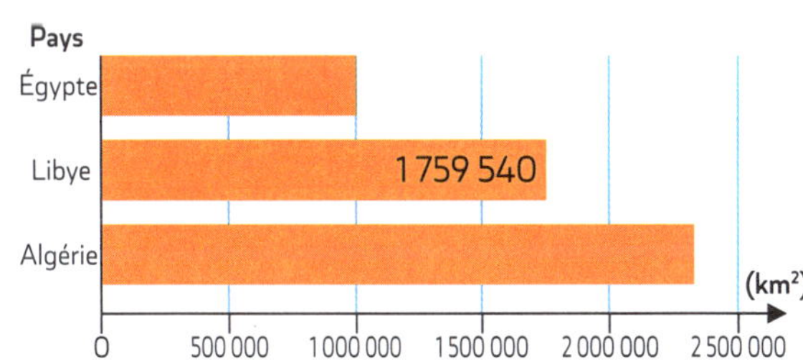


L'Algérie a une superficie de 2 381 741 km². **Calcule** la différence de superficie entre l'Algérie et la Libye, en km².

..........................................................................................................................................

## Consolidation

### Remédiation

**4** **Calcule** le pourcentage de beurre que contient ce gâteau.

...........................................................

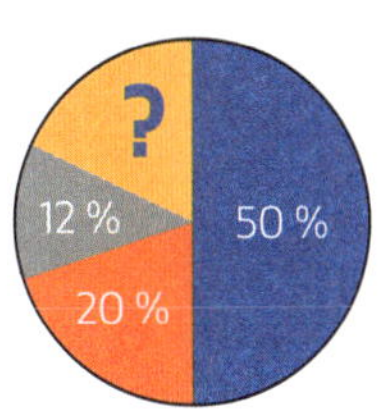


Farine Sucre Œuf Beurre

### Approfondissement

**5** **Calcule**, sur ton cahier d'exercices, le pourcentage de spectateurs qui ont vu une comédie.

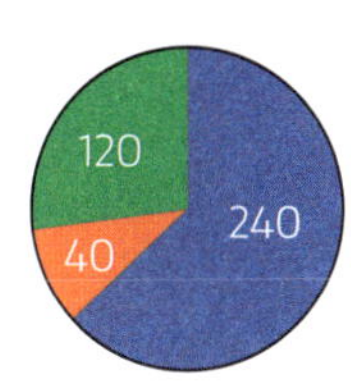


Comédie Aventure Animation

# B5 Bilan de l'unité 5

## Évaluation sommative

**1** **Calcule** en séparant les différentes unités.

1 h 53 min + 2 h 48 min = ..............................

| | | | | |
|---|---|---|---|---|
| | 1 | h | 53 | min |
| + | 2 | h | 48 | min |
| | ....... | h | ....... | min |

Conversion → .........h .........min

18 min 15 s – 5 min 35 s = ..............................

| | | | | | | Conversion | | | | | |
|---|---|---|---|---|---|---|---|---|---|---|---|
| | 18 | min | 15 | s | → | | 17 | min | ....... | s |
| – | 5 | min | 35 | s | | – | 5 | min | 35 | s |
| | ? | | | | | | | .........min | ......... | s |

*Additionner et soustraire les nombres dans le système sexagésimal.*

**2** **Utilise** le tableau de proportionnalité ci-dessous pour calculer la distance parcourue en 60 min par ce cycliste.

**Écris** sa vitesse moyenne en km/h : ..............................

| | | |
|---|---|---|
| **Distance (km)** | 8 | ......... |
| **Durée (min)** | 15 | ......... |

*Calculer une vitesse moyenne.*

**3** **PROBLÈME** Un vélo coûte 1 500 Dh.
Au début de l'été, son prix augmente de 5 %.
**Calcule** son nouveau prix.

..............................................................................

..............................................................................

*Calculer un pourcentage.*

**4** **Construis** en bleu le symétrique de la figure verte par rapport à l'axe bleu, puis **construis** en rouge le symétrique de la figure bleue par rapport à l'axe rouge. **Colorie** l'angle orange dans chaque figure.

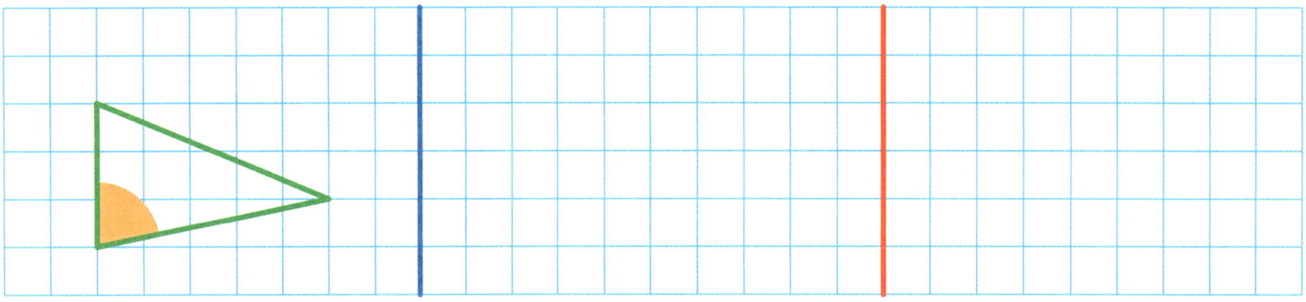

*Tracer le symétrique d'une figure et connaître ses propriétés.*

**5** **Calcule** le volume de ce prisme ainsi que sa surface latérale.
Sa base est un triangle rectangle.

Volume :

..............................................................................

..............................................................................

..............................................................................

Surface latérale :

..............................................................................

..............................................................................

..............................................................................

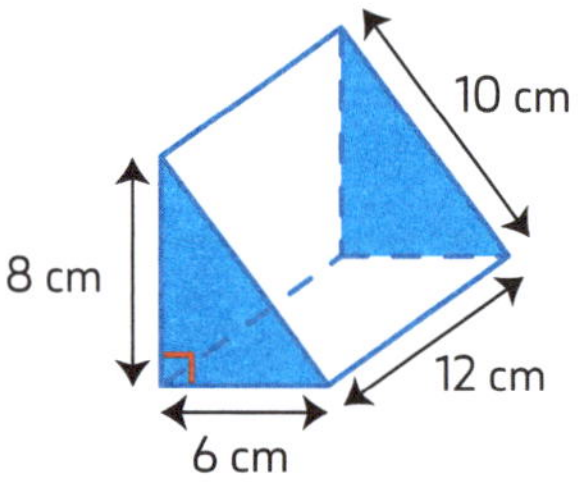


*Calculer le volume et la surface latérale d'un prisme.*

**6** **Calcule**, en $cm^2$, l'aire du couvercle d'une boîte cylindrique de 20 cm de diamètre.

..............................................

..............................................

..............................................

..............................................

..............................................

..............................................

..............................................

*Calculer l'aire d'un disque.*

## Consolidation

**1** **Complète**.

1 h = .......... min

1 min = ......... s

88 min = ......... h ......... min

134 s = ......... min ......... s

2 h 75 min = 3 h ........ min

5 min 105 s = 6 min ......... s

*Convertir des heures, minutes et secondes.*

**2** **Coche** la réponse exacte.

Pour un article valant 200 Dh, une baisse de 15 % correspond à : ☐ 15 Dh ☐ 30 Dh

**Calcule** le prix après la baisse.

.......................................................................................................................................

*Calculer un pourcentage.*

**3** **Calcule** l'aire de la surface latérale de cette boîte de conserve cylindrique.

**Calcule** d'abord la circonférence du couvercle.

$\mathscr{C}$ = .......... × .......... cm = ............... cm

$\mathscr{C} = \pi \times$ diamètre avec $\pi = 3{,}14$

**Calcule** ensuite l'aire de la surface latérale.

A = ............... cm × ................ cm = .............. cm²

A = $\mathscr{C}$ × hauteur

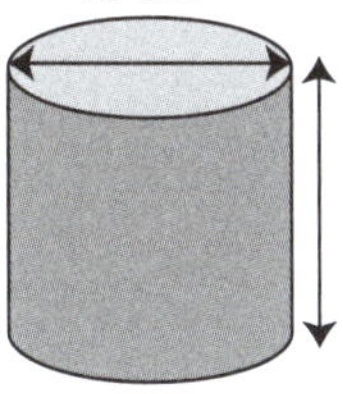


*Calculer la surface latérale d'un cylindre.*

## Synthèse

**Pourcentage**

En complétant ce tableau de proportionnalité, on calcule le pourcentage de sucre dans un gâteau : il contient 15 % de sucre.

| | | |
|---|---|---|
| **Masse de sucre (g)** | 120 | ? |
| **Masse du gâteau (g)** | 800 | 100 |

$$\text{Pourcentage de sucre} = \frac{\text{Masse}_{\text{sucre}}}{\text{Masse}_{\text{gâteau}}} \times 100 = \frac{120}{800} \times 100 = 15$$

**Symétrie axiale ou réflexion**

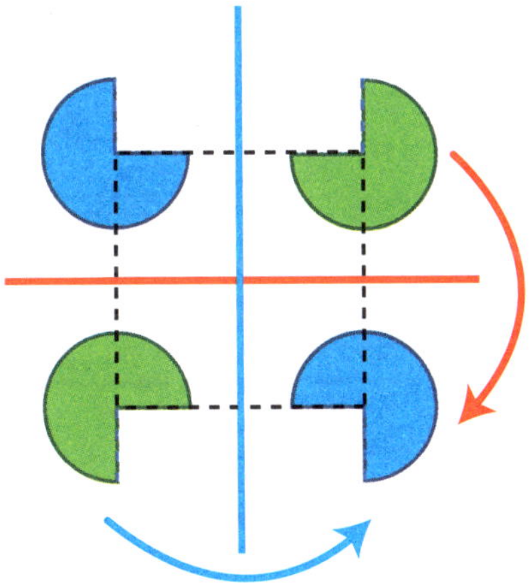

Les figures vertes et bleues sont symétriques l'une de l'autre par rapport à l'axe bleu ou à l'axe rouge.

**Prisme droit : volume et aire de la surface latérale**

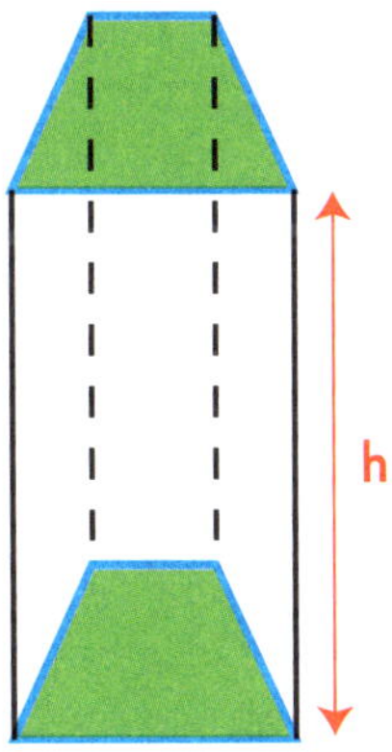


Ce solide est un prisme droit de hauteur h.

Les faces vertes sont ses bases. Ce sont des trapèzes.

Ses quatre autres faces sont des rectangles. Ils forment sa surface latérale.

$\text{Aire}_{\text{surface latérale}} = \text{Périmètre}_{\text{base}} \times h$

$\text{Volume}_{\text{prisme}} = \text{Aire}_{\text{base}} \times h$

# 25 La division d'un nombre décimal

| …………… | …………… | …………… | …………… | …………… |
|---|---|---|---|---|

| | |
|---|---|
| **Objectifs de l'apprentissage** | Diviser un nombre entier naturel par un nombre décimal, un nombre décimal par un nombre entier naturel ou un nombre décimal. Trouver, expliquer et corriger les erreurs dans une division. |
| **Calcul mental** | **Calcul du quotient et du reste dans une division par 10 ou par 100.** Écrire : quotient et reste de 635 divisé par 100 ; l'élève écrit q = 6 ; r = 35. |

## Construction du concept

**1** 8 athlètes décident de courir les 42,19 km d'un marathon en relais.
**Quelle sera la distance parcourue par chacun, au centième de km près ?**

**Observe** et **complète** la division.

Lorsque tu abaisses le 1 des dixièmes, tu dois placer une virgule au quotient.

**Complète**.

Il reste ........ centièmes, c'est-à-dire ..... ,..... ..... km.

42,19 = (.......... × 8) + ..........

Le dernier coureur devra parcourir .................... km.

| | |
|---|---|
| 4 2 , 1 9 | 8 |
| − 4 0 | 5 , 2 ..... |
| 2 1 | dixième centième |
| − 1 6 | |
| ..... ..... | |
| − ..... ..... | |
| ..... | |

**2** Un filet de 2,5 kg d'oranges coûte 16,75 Dh. **Quel est le prix de 1 kg d'oranges ?**

Je ne sais pas diviser un nombre décimal par un nombre décimal, mais je sais diviser un nombre décimal par un nombre entier. Je rends le diviseur entier en le multipliant par 10.

| | |
|---|---|
| 1 6 ,7 , 5 (× 10) | 2 ,5 (× 10) |
| | .... , .... |

**Complète**. 2,5 kg coûtent 16,75 Dh → 25 kg coûtent ........... Dh

**Observe** et **complète** la division. 1 kg d'oranges coûte ........... Dh.

## Activités de mathématisation

**3** **Calcule**.

| | |
|---|---|
| 8 2 , 4 | 7 |
| | .... .... , .... |

| | |
|---|---|
| 8 5 | 1 4 , 6 |
| | .... , .... |

Observe bien où sont les virgules.

**4** **Corrige** cette division.

| | |
|---|---|
| 7 8 ,9 , 7 | 2 ,5 |
| − 7 5 | 3 , 1 4 |
| 3 9 | |
| − 2 5 | |
| 1 4 7 | |
| − 1 0 0 | |
| 4 7 | |

## Évaluation formative

**5** **Calcule**.

| | |
|---|---|
| 9 4 , 6 1 | 5 , 7 |
| | |

## Consolidation

### Remédiation

**6** **Écris** les divisions équivalentes.

12,4 divisé par 5,6 → .................... divisé par 56

56 divisé par 9,78 → ...................... divisé par 978

24,6 divisé par 1,28 → ................. divisé par 128

### Approfondissement

**7** **Pose** et **calcule** sur ton cahier d'exercices.

- 3,56 divisé par 0,6
- 0,89 divisé par 2,1

# 26 Mesure de la capacité et du volume des solides usuels

| | |
|---|---|
| **Objectifs de l'apprentissage** | Reconnaître la règle, puis calculer le volume d'un cube, d'un parallélépipède et d'un cylindre droit. Résoudre des situations-problèmes. |
| **Calcul mental** | **Calculs sur les unités de durée.** Écrire : Début : 20 h 15 ; fin : 22 h ; durée = ? ; l'élève écrit : 1 h 45. |

............... ............... ............... ............... ...............

## Construction du concept

**1** **Relie** chaque nom de solide à sa formule de calcul du volume.
**Complète** le dessin de chaque solide avec les lettres de sa formule.

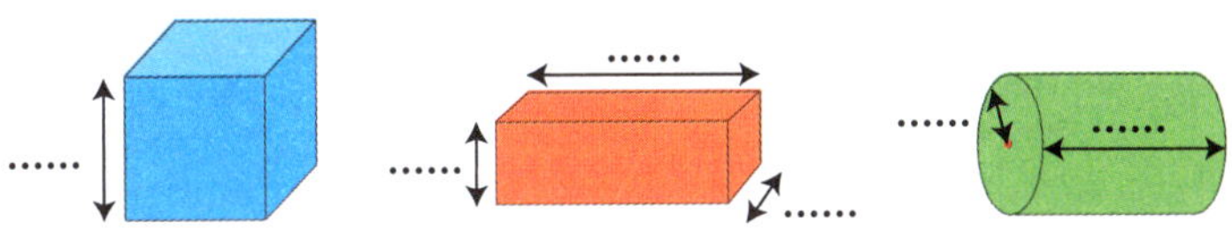


| | |
|---|---|
| cube ● | $V = \pi \times R^2 \times h$ |
| parallélépipède ● | $V = L \times l \times h$ |
| cylindre ● | $V = a \times a \times a$ |

## Activités de mathématisation

**2** **Calcule** les volumes de cette brique de jus de fruits et de cette citerne, puis **convertis** ces volumes en L.

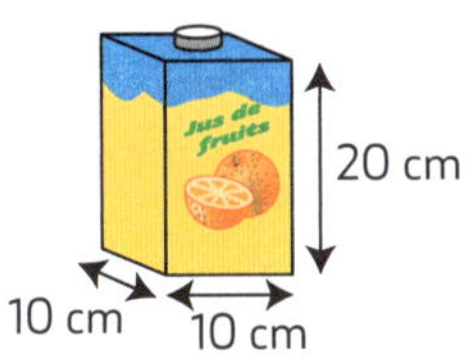


**1 L = 1 dm³**

Un volume est une capacité quand il est exprimé en L. Pour obtenir une capacité en L, pense à convertir les longueurs en dm.

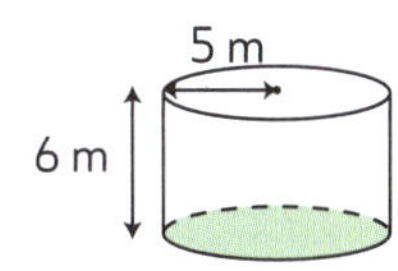


.......................................................... ..........................................................

.......................................................... ..........................................................

**3** PROBLÈME **Observe** le dessin de cet aquarium cubique.
**Combien de litres d'eau ont été versés dans l'aquarium ?**

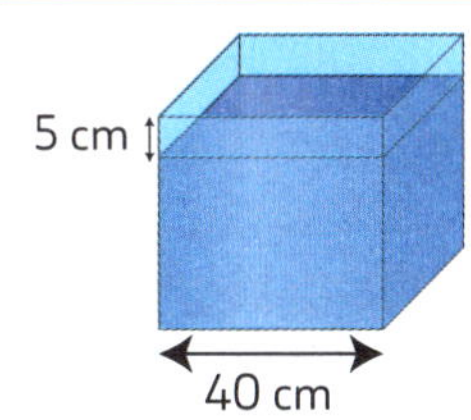


..........................................................................................

..........................................................................................

## Évaluation formative

**4** Un apiculteur fabrique des pavés de cire de 20 cm de longueur, 8 cm de largeur et 5 cm de hauteur. **Calcule** le volume d'un pavé en cm³.

..........................................................

..........................................................

**5** **Combien de litres d'eau peut contenir cette casserole ?**

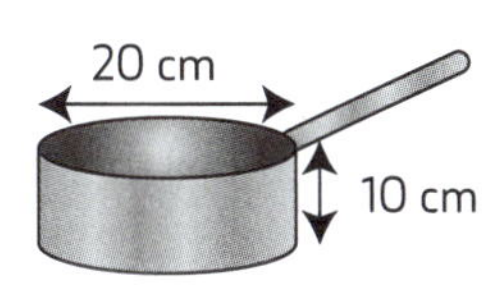


..........................................

..........................................

..........................................................

## Consolidation

### Remédiation

**6** **Calcule** la capacité de ce tube de médicament en mm³.

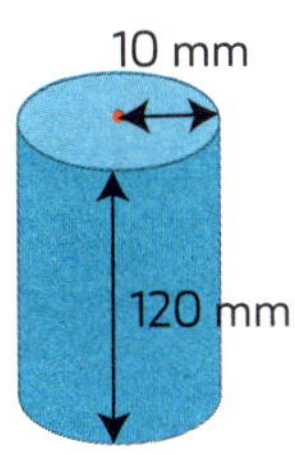


..........................................

..........................................

..........................................

..........................................

### Approfondissement

**7** **Quelle est, en L, la capacité de cette gouttière ?**

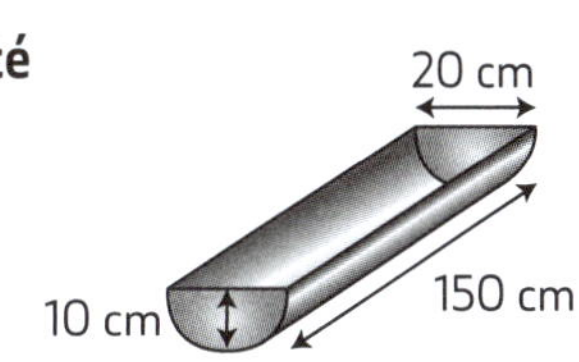


..........................................

..........................................

..........................................................

..........................................................

# 27 Les relations entre les angles dans les figures usuelles

| | |
|---|---|
| **Objectifs de l'apprentissage** | Trouver la relation entre les angles des figures usuelles (égaux, complémentaires, supplémentaires). Résoudre des situations-problèmes en lien avec la mesure des angles. |
| **Calcul mental** | **Calcul du quotient et du reste.** Écrire : quotient et reste de 20 divisé par 7 ; l'élève écrit q = 2 ; r = 6. |

............... ............... ............... ............... ...............

## Construction du concept

**1** **Observe** la figure. Les deux droites rouges sont parallèles.
En utilisant un papier calque, **cherche** les angles égaux.
**Colorie** de la même couleur les pastilles qui repèrent les angles égaux.
**Colorie** les pastilles ci-dessous, puis **complète**.

○ + ● (jaune) + ○ = angle plat

La somme des angles d'un triangle est égale à ................°.

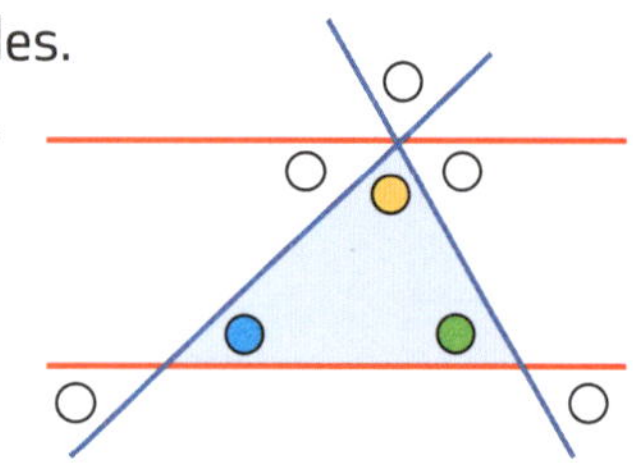

Un angle droit mesure 90°.
Un angle plat est la somme de deux angles droits, il mesure donc 180°.

## Activités de mathématisation

**2** **Colorie** de la même couleur les pastilles qui repèrent des angles égaux.

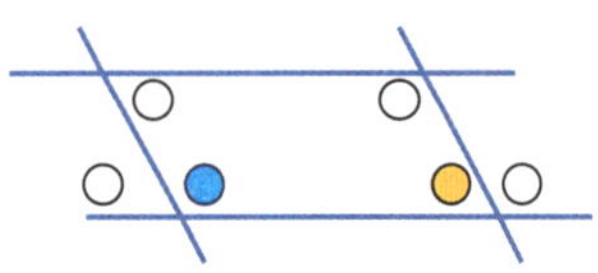

**Complète.** ● (jaune) + ● (bleu) = ...........°

**Coche** la bonne affirmation.

☐ Les angles jaune et bleu sont complémentaires.
☐ Les angles jaune et bleu sont supplémentaires.

**3** **Observe** ce triangle rectangle.

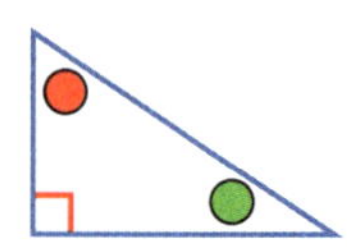

**Complète.**
La somme de ses trois angles est égale à .............°
donc ● (rouge) + ● (vert) = ............°

Un triangle rectangle possède un angle droit.

**Coche** la bonne affirmation.

☐ Les angles rouge et vert sont complémentaires.
☐ Les angles rouge et vert sont supplémentaires.

**4** Tout quadrilatère peut être décomposé en deux triangles.
**Observe** la figure et **complète**.

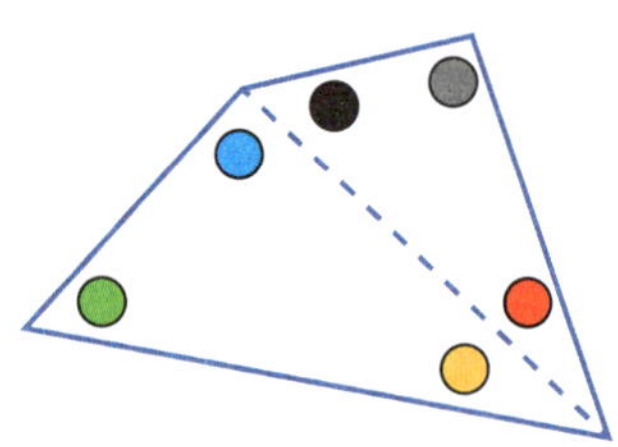

● (vert) + ● (bleu) + ● (jaune) = ...........°     ● (rouge) + ● (gris) + ● (noir) = .............°

● (vert) + ● (bleu) + ● (jaune) + ● (rouge) + ● (gris) + ● (noir) = .............°

La somme des 4 angles d'un quadrilatère est égale à .............°.

## Évaluation formative

**5** **Calcule** la mesure en degrés des angles d'un triangle équilatéral.

..............................................
..............................................

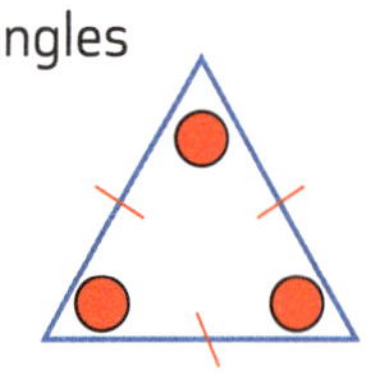

**6** **Calcule** la mesure en degrés de l'angle bleu.

..............................................
..............................................

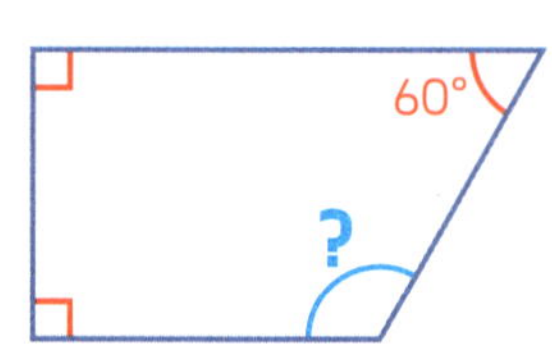


## Consolidation

### Remédiation

**7** Dans ce triangle isocèle, l'angle jaune mesure 100°.

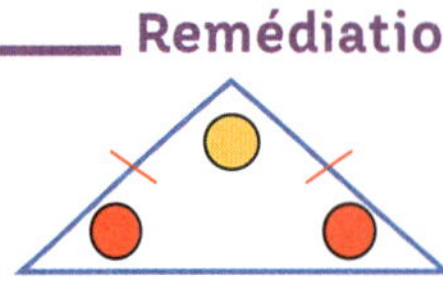

**Calcule** la mesure d'un angle rouge. ● (rouge) = ........°

### Approfondissement

**8** La somme des 5 angles de ce pentagone est égale à .........°.

..............................................

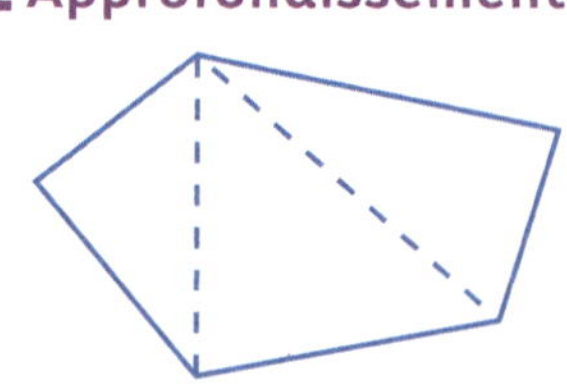

# 28 Organisation et traitement des données (3)

| | |
|---|---|
| **Objectifs de l'apprentissage** | Résoudre des problèmes en lisant et interprétant les données d'un tableau ou d'un graphique à colonnes ou à lignes brisées. |
| **Calcul mental** | **Suites (arithmétiques) de nombres décimaux.** Écrire : Complète la suite : 1,5 ; 2,7 ; 3,9 ; ... ; l'élève écrit 5,1. |

.............. .............. .............. .............. ..............

## Construction du concept

Pose les opérations de la leçon sur ton cahier d'exercices.

**1** Le directeur de l'école doit commander des fournitures scolaires pour les élèves.
Voici le tableau des prix de son fournisseur. Les prix baissent quand la quantité augmente.

| Produit | Cahier | Stylo | Crayon | Gomme | Compas | Règle |
|---|---|---|---|---|---|---|
| Prix unitaire (Dh) | 28,00 | 2,50 | 1,50 | 4,00 | 14,90 | 3,80 |
| Prix d'un lot de 10 (Dh) | 265,00 | 22,00 | 13,50 | 38,00 | 135,00 | 35,50 |
| Prix d'un lot de 50 (Dh) | 1 125,00 | 93,50 | 57,50 | 161,50 | 574,00 | 150,00 |

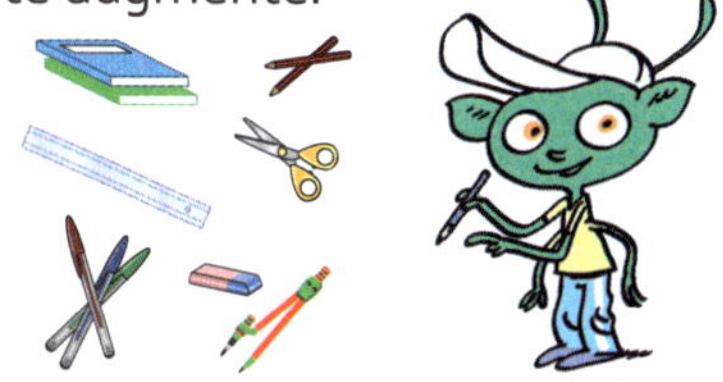

Chaque élève doit avoir une fourniture de chaque type. **Calcule** le prix que le directeur paierait pour un seul élève.

..........................................................................................................................................

Il y a 234 élèves dans l'école. **Calcule** la somme minimale que le directeur devra payer pour acheter les stylos.

..........................................................................................................................................

## Activité de mathématisation

**2** Un chauffeur de poids lourd doit aller de Rabat (au Maroc), à Sfax (en Tunisie) en passant par l'Algérie.
Le graphique en bâtons présente les prix du carburant.

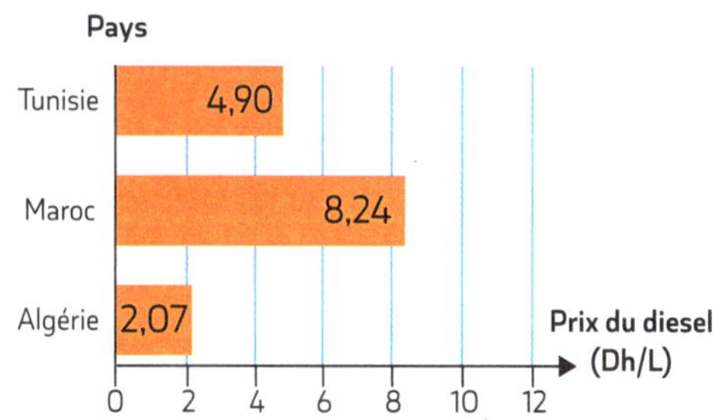


Le chauffeur remplit son réservoir de 200 L en partant du Maroc.

**Combien va-t-il payer ?** ..........................................................................

Il fait le plein du réservoir deux fois en Algérie et une fois en Tunisie.

**Combien aura-t-il dépensé en tout pour aller de Rabat à Sfax ?**

..........................................................................................

## Évaluation formative

**3** **Observe** ce graphique en lignes brisées.

**Coche**. La population africaine ☐ augmente ☐ diminue.

**Quel est le nombre d'habitants en 2020 ?** ....................................

**En quelle année a-t-on atteint le milliard d'habitants ?** ..............

**Calcule** l'augmentation du nombre d'habitants de 1980 à 2020.

..........................................................................................

..........................................................................................

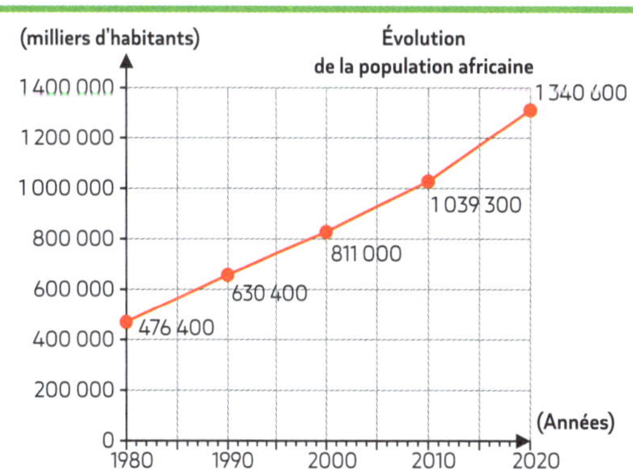


## Consolidation

### Remédiation

**4** **Observe** ce graphique.
**Écris** en chiffres le nombre d'internautes en Égypte :

..........................................

Au Maroc : ..........................................

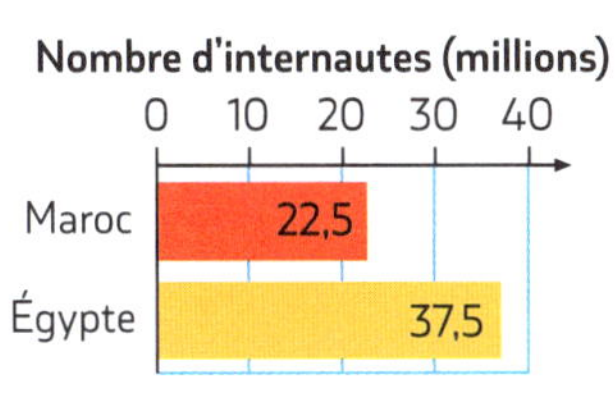


### Approfondissement

**5** **Complète** le tableau.

| Liquide | Eau douce | Mercure | Mélasse | Huile d'olive |
|---|---|---|---|---|
| Masse de 50 L (kg) | 50 | 680 | 70 | 46 |
| Masse de 1 L (kg) | .......... | .......... | .......... | .......... |

# 29 La division : le quotient décimal exact et le quotient décimal approché

| | |
|---|---|
| **Objectifs de l'apprentissage** | Calculer le quotient décimal exact et le quotient décimal de valeur approchée à 1 ; 0,1 ; 0,01 ; 0,001 près, par défaut ou par excès. |
| **Calcul mental** | **Calcul de pourcentages simples.** Écrire : 25 % de 40 = ... ; l'élève écrit 10. |

............... ............... ............... ............... ...............

## Construction du concept

**1** **Observe** ces deux divisions.

| Dividende | Diviseur / Quotient |
|---|---|
| 4 5,0 0 | 1 2 |
| 9 0 | 3,7 5 |
| 6 0 | |
| 0 | |

Pourquoi peut-on dire que 3,75 est le quotient exact de 45 par 12 ?

**Vérifie** en calculant.

3,75 × 12 = .........................

| Dividende | Diviseur / Quotient |
|---|---|
| 7 1,0 0 0 | 1 1 |
| 5 0 | 6,4 5 4 |
| 6 0 | |
| 5 0 | |
| 6 | |

Pourquoi peut-on dire que la division de 71 par 11 ne se terminera jamais ?

6,454 est le quotient approché par défaut de 71 par 11 à 0,001 près.

**Vérifie** en calculant.

6,454 × 11 = .........................

Une valeur approchée par défaut est inférieure ou égale au nombre. On écrit le signe « ⩽ ». Une valeur approchée par excès est supérieure au nombre.

**2** **Complète** les tableaux ci-dessous.

| Précision | Par défaut | Quotient | Par excès |
|---|---|---|---|
| à 1 près | 6 | ⩽ 71 ÷ 11 < | 7 |
| à 0,1 près | ............. | ⩽ 71 ÷ 11 < | ............. |

| Précision | Par défaut | Quotient | Par excès |
|---|---|---|---|
| à 0,01 près | ............... | ⩽ 71 ÷ 11 < | ............... |
| à 0,001 près | .................. | ⩽ 71 ÷ 11 < | .................. |

## Activité de mathématisation

**3** Sur ton cahier, **calcule** le quotient de 49 par 15. **Est-ce un quotient exact ?**............

**Donne** sa valeur approchée par défaut à 1 unité près : .........................

**Donne** sa valeur approchée par excès à 0,1 près : ...............................

**Donne** sa valeur approchée par défaut à 0,01 près : ...........................

**Donne** sa valeur approchée par excès à 0,001 près : ...........................

Les valeurs décimales approchées par défaut sont données par les premiers chiffres du quotient.

## Évaluation formative

**4** Sur ton cahier d'exercices, **divise** 23 par 8.

**Obtiens-tu un quotient exact ou approché ?**

..............................................................................

..............................................................................

**Donne** la valeur approchée par défaut de ce quotient à 0,1 près : .........................

**Donne** la valeur approchée par excès de ce quotient à 0,01 près : .........................

## Consolidation

### Remédiation

**5** On a calculé 35 ÷ 16 = 2,1875.

2,18 est une valeur approchée de ce quotient :

- ☐ par excès. ☐ par défaut.
- ☐ à 0,01 près. ☐ à 0,001 près.

### Approfondissement

**6** **Divise** 32 par 99. À partir du troisième chiffre de la partie décimale du quotient, tu peux prévoir ce que sera le dixième chiffre de cette partie décimale.

**Quel sera ce dixième chiffre ?**

.........................................................................................

# 30 Agrandissement, réduction et translation

| | |
|---|---|
| **Objectifs de l'apprentissage** | Réaliser l'agrandissement et la réduction d'une figure dans un rapport connu. Déduire le pourcentage d'agrandissement ou de réduction d'une figure donnée. Dessiner des figures obtenues par la translation de figure données. |
| **Calcul mental** | **Calcul de produits simples.** Écrire : Complète 6 × 13 = … ; l'élève écrit 78. |

.............. .............. .............. .............. ..............

## Construction du concept

**1** **Complète.**

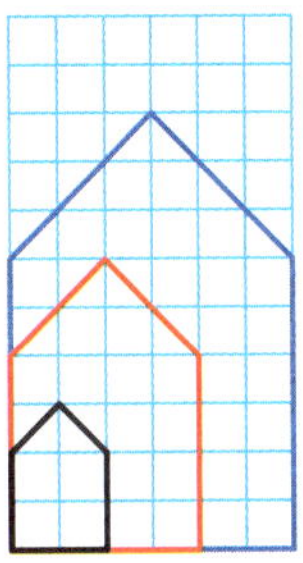

La figure **rouge** est un agrandissement de la figure ....................... .

Les dimensions de cette dernière ont été multipliées par ......... .

Le coefficient d'agrandissement est égal à 2 soit à $\frac{200}{100}$ = ........ %

La figure .................... est une réduction de la figure **rouge**.

Les dimensions de cette dernière ont été multipliées par ......... .

Le coefficient de réduction est égal à $\frac{1}{2}$ soit $\frac{\dots\dots}{100}$ = ......... %

Quel est le coefficient d'agrandissement de la figure **bleue** par rapport à la figure **noire** ?

..............................................................................................................................................

## Activité de mathématisation

**2** À partir du point **bleu**, **trace** une figure **bleue** en appliquant un coefficient de réduction de 50 % à la figure **rouge**.

À partir du point **vert**, **trace** une figure **verte** en appliquant un coefficient d'agrandissement de 200 % à la figure **bleue**.

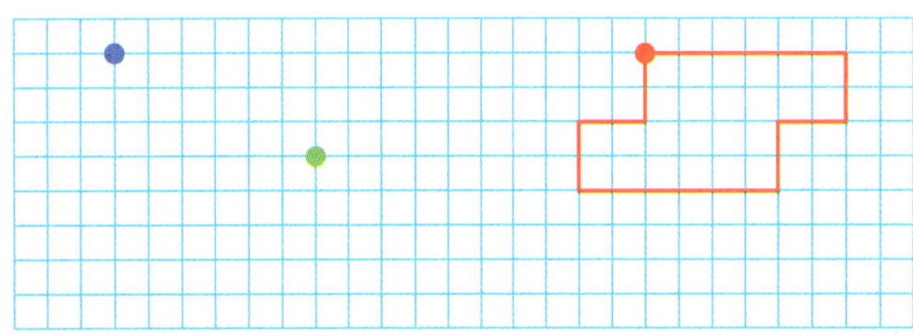

**Que peux-tu dire de la taille des figures verte et rouge ?** ..............................................................................

**Trace** la flèche qui montre le glissement de la figure **rouge**. Ce glissement s'appelle une **translation**.

## Évaluation formative

**3** **Agrandis** la figure **bleue** à partir du point **vert** avec un coefficient de 400 %.

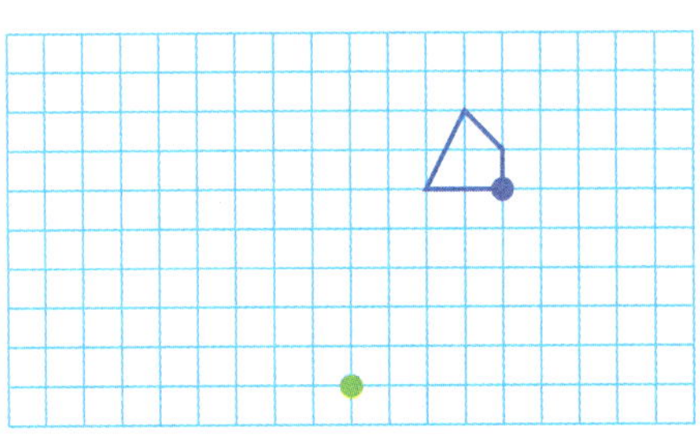

**4** **Effectue** la translation de la figure **bleue** selon la flèche **rouge**.

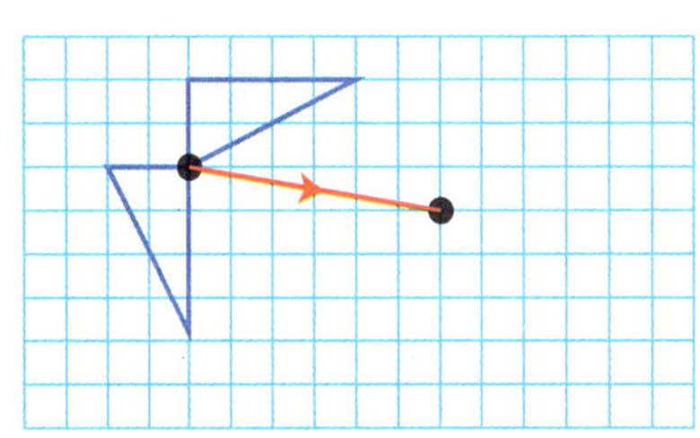

## Consolidation — Remédiation — Approfondissement

**5** **Complète.**

L'agrandissement à 200 % du carré **noir** est le carré ............... .

L'agrandissement à 300 % du carré **noir** est le carré ............... .

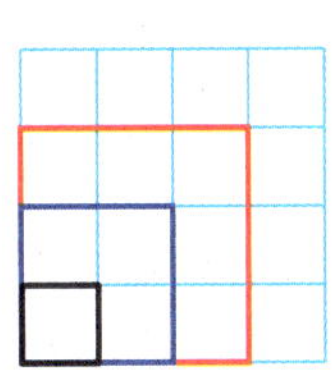

**6** **PROBLÈME** Une image de 5 cm de longueur et 4 cm de largeur est photocopiée avec un agrandissement de 500 %.

**Quelles seront les dimensions de la photocopie de l'image ?**

.........................................................................................

# 31 La puissance 2 et la puissance 3

| | |
|---|---|
| **Objectifs de l'apprentissage** | Utiliser les puissances 2 et 3 pour représenter des produits ou pour décomposer des produits ou une partie de produits.<br>Utiliser les puissances 2 et 3 dans des situations de calcul. |
| **Calcul mental** | **Valeurs approchées d'un quotient non décimal.**<br>Écrire : 81 ÷ 13 = 6,23076... Quotient approché à 0,1 près par défaut ; l'élève écrit : 6,2. |

.............. | .............. | .............. | .............. | ..............

## Construction du concept

**1** **Observe** comment Samir écrit ces produits.

Dans ce produit, je vois deux fois le nombre 4, j'écris $4^2$, je lis « 4 puissance 2 » ou « 4 au carré ».

Dans ce produit, je vois trois fois le nombre 4, j'écris $4^3$, je lis « 4 puissance 3 » ou « 4 au cube ».

$\overbrace{4 \times 4} = 4^2 = 16$ $\qquad$ $\overbrace{4 \times 4 \times 4} = 4^3 = 64$

**Complète** sur ce modèle.

7 × 7 = ........ = .......... ; 10 × 10 = ........ = .......... ; 5 × 5 × 5 = ........ = .......... ; 10 × 10 × 10 = ........ = ..........

**2** **Écris** ces décompositions en utilisant les puissances 2 et 3.

| | | | |
|---|---|---|---|
| 18 = 2 × 3 × 3 | 40 = 2 × 2 × 2 × 5 | 375 = 3 × 5 × 5 × 5 | 200 = 2 × 2 × 2 × 5 × 5 |
| 18 = 2 × ...... | 40 = ...... × 5 | 375 = 3 × ...... | 200 = ...... × ...... |

## Activités de mathématisation

**3** **Écris** ces décompositions en utilisant les puissances 2 ou 3.

| | | | |
|---|---|---|---|
| 300 = 3 × 10 × 10 | 300 = 2 × 2 × 3 × 5 × 5 | 7 000 = 7 × 10 × 10 × 10 | 400 = 5 × 5 × 4 × 4 |
| 300 = .................. | 300 = ......................... | 7 000 = ......................... | 400 = .................. |

**4** **Calcule** l'aire A d'un carré de côté c = 7 cm et le volume V d'un cube d'arête a = 7 cm.

$A = c^2$ = ............................... $cm^2$ $\qquad$ $V = a^3$ = ................................... $cm^3$

**5** Sara a-t-elle raison ? **Calcule**.

Je pense que $(5 + 3)^2 = 5^2 + 3^2$

$5^2 + 3^2$ = ....... + ......... = ........ $\qquad$ $(5 + 3)^2 = (5 + 3) \times (5 + 3)$ = ..........................

**Complète** avec le signe = ou le signe ≠. $\qquad$ $(5 + 3)^2$ ........ $5^2 + 3^2$

## Évaluation formative

**6** **Écris** ces décompositions en utilisant les puissances 2 ou 3.

| | | | |
|---|---|---|---|
| 63 = 3 × 3 × 7 | 144 = 4 × 6 × 6 | 225 = 3 × 3 × 5 × 5 | 11 000 = 11 × 10 × 10 × 10 |
| 63 = .............. | 144 = .............. | 225 = .................... | 11 000 = ........................... |

**7** **Calcule**.

$3^2 + 2^3$ = ...................................... $\qquad$ $3^2 - 2^3$ = ...................................... $\qquad$ $3^2 \times 2^3$ = ......................................

## Consolidation — Remédiation — Approfondissement

**8** **Entoure** les égalités correctes.

| | | |
|---|---|---|
| $7^2 = 49$ | $6^2 = 6 \times 2$ | $12^2 = 12 + 12$ |
| $5^3 = 15$ | $9^2 = 9 \times 9$ | $4^3 = 4^2 \times 4$ |

**9** **Calcule**.

| | |
|---|---|
| Le double du carré de 5 = ...... | Le triple du cube de 2 = ...... |
| Le carré du double de 5 = ...... | Le cube du triple de 2 = ...... |

# 32 Organisation et traitement des données (4)

| | |
|---|---|
| **Objectifs de l'apprentissage** | Résoudre des problèmes en lisant et interprétant les données d'un tableau, d'un graphique à colonnes, à lignes brisées ou d'un diagramme circulaire. |
| **Calcul mental** | **Puissance 2 ou puissance 3.** Écrire : $2^3$ = ... ; l'élève écrit 8. |

............... ............... ............... ............... ...............

## Construction du concept

**1** Le professeur de musique du collège a demandé à ses 150 élèves s'ils jouaient d'un instrument de musique. Les réponses ont été rassemblées dans un graphique circulaire.

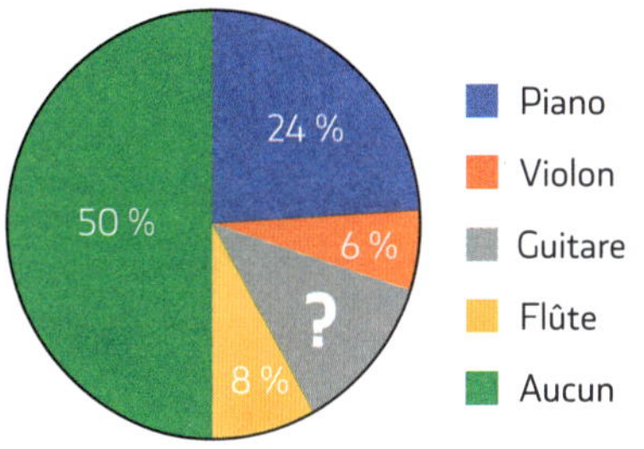


**À quel instrument correspond le secteur gris ?** ....................................

**Calcule** le pourcentage du secteur **gris**. ....................................

**Quel est le nombre d'élèves qui jouent du piano ?**

**Complète**. N(piano) = 150 × ........ % = 150 × $\frac{......}{100}$ = ..........

**Rédige** une phrase réponse : ....................................................................

## Activité de mathématisation

**2** Ce graphique présente les 6 langues les plus parlées dans le monde.

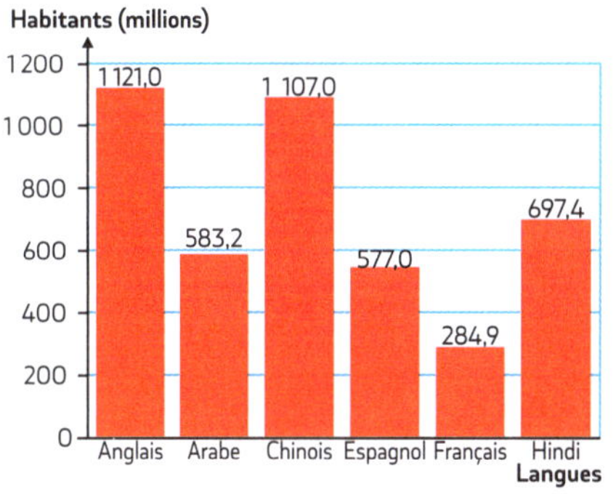


**Quelle est la langue la plus parlée ?** ....................................

**Combien d'habitants parlent l'arabe ?** ....................................

La population mondiale est de 7,64 milliards d'habitants.
**Calcule** le nombre d'habitants qui ne parlent aucune de ces 6 langues.

....................................................................

....................................................................

## Évaluation formative

**3** **Observe** ce graphique qui présente la population des éléphants en Afrique.

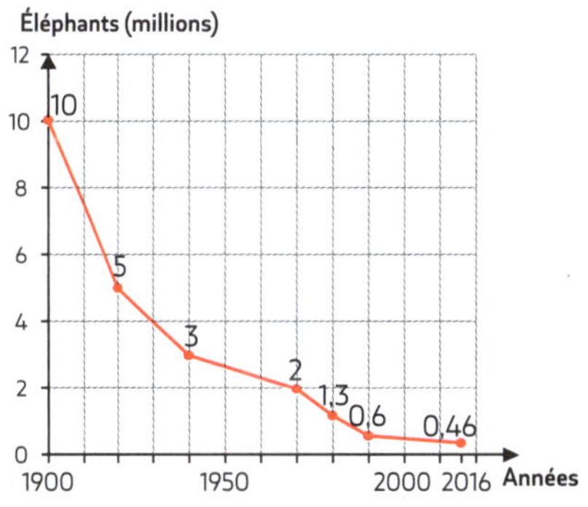


**Que peux-tu dire du nombre d'éléphants entre 1900 et 2016 ?**

....................................................................

**Quel était le nombre d'éléphants en 1980 ?** ....................................

**En quelle année y avait-il 4 000 000 d'éléphants ?** ....................................

**Calcule** le nombre d'éléphants qui ont disparu entre 1900 et 2016.

....................................................................

## Consolidation

### Remédiation

**4** **À quels pourcentages correspondent les parties violettes de ces graphiques circulaires ?**

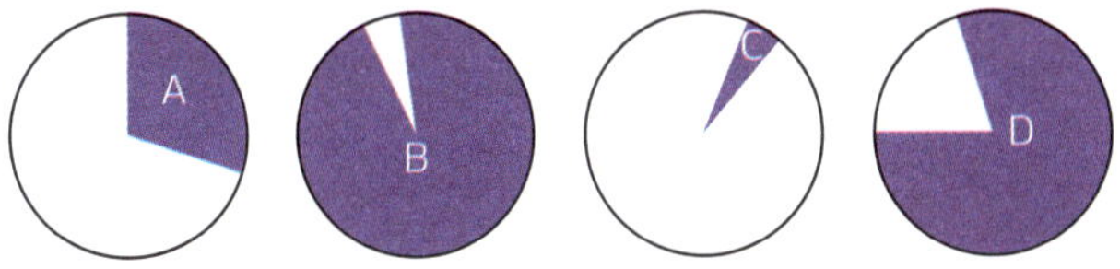


..... → 5 % ; ...... → 80 % ; ...... → 95 % ; ...... → 30 %

### Approfondissement

**5** **Complète** l'axe horizontal du graphique.

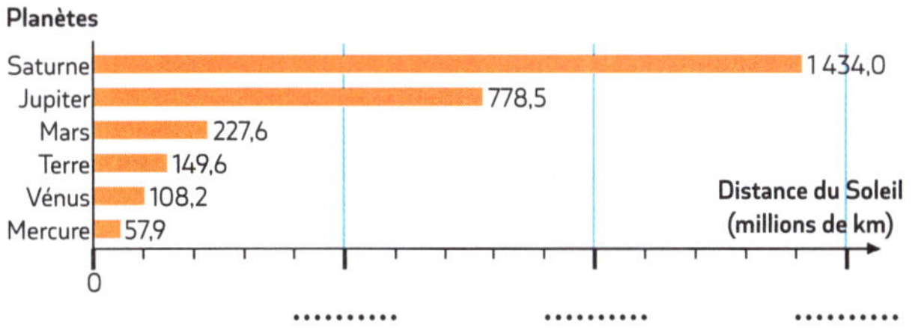

# B6 Bilan de l'unité 6

## Évaluation sommative

**1** **Calcule** le quotient exact.

3 5 , 5 6 | 2 , 8

*Diviser un nombre décimal par un nombre décimal.*

**2** **Calcule** le quotient de 83 par 17, en t'arrêtant à deux chiffres après la virgule.

8 3 | 1 7

**Écris** la **valeur approchée par défaut** de ce quotient à 1 unité près :

.......................................

**Écris** la **valeur approchée par excès** de ce quotient à 0,1 près :

.......................................

*Calculer un quotient décimal approché.*

**3** **Écris** ces décompositions en utilisant les puissances 2 ou 3.

64 = 8 × 8 | 700 = 2 × 2 × 5 × 5 × 7 | 1 000 = 10 × 10 × 10 | 832 = 13 × 4 × 4 × 4

64 = ................ 700 = ............................ 1 000 = ............................ 832 = ............................

*Utiliser les puissances 2 et 3 pour représenter des produits ou une partie de produit.*

**4** **Calcule**.

$4^2 \times 5^2$ = ........ × ........ = ........... $5^3 + 5^2$ = ........ + ........ = ........ $10^3 - 1$ = ......... − ..... = ..........

*Utiliser les puissances 2 et 3 dans des situations de calcul.*

**5** **PROBLÈME** Une piscine olympique mesure 50 m de longueur, 25 m de largeur et 3 m de profondeur.
**Calcule**, en $m^3$, le volume de cette piscine.

..........................................................................................................................................

..........................................................................................................................................

*Calculer le volume d'un parallélépipède dans une situation-problème.*

**6** **Calcule** la mesure de l'angle **bleu**.

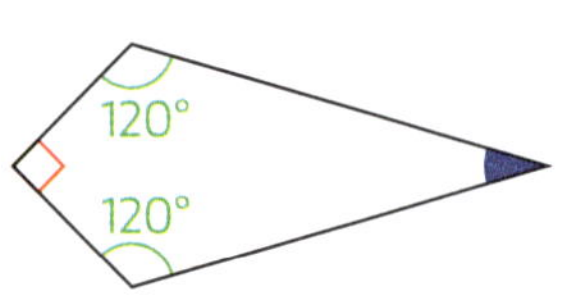


.......................................

.......................................

.......................................

*Trouver la relation entre les angles des figures usuelles.*

**7** **Réduis** la figure **orange** à partir du point **bleu** avec un coefficient de 50 %.

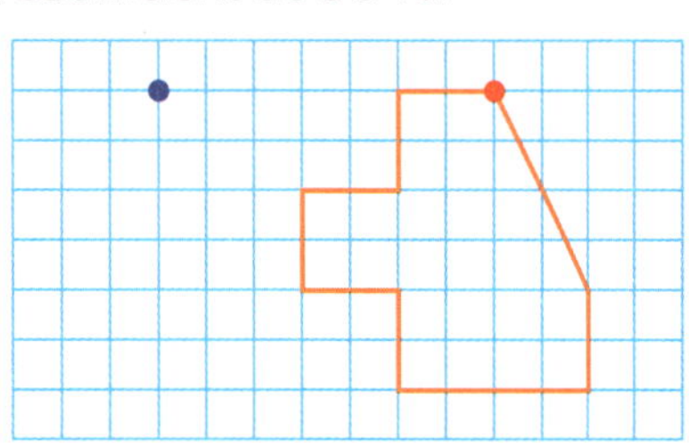

*Réaliser la réduction d'une figure dans un rapport connu.*

**8** **PROBLÈME** Un institut de sondage a questionné 500 personnes pour savoir quels appareils électroniques elles possèdent.

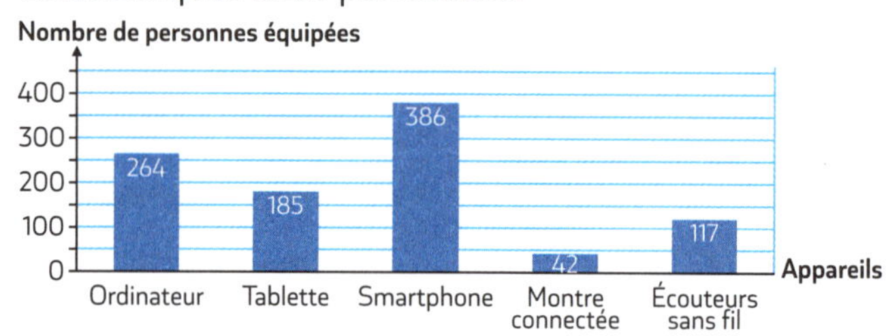


**Calcule** le pourcentage de personnes qui possèdent chaque appareil.

| Appareil | Ordinateur | Tablette | Smartphone | Montre | Écouteurs |
|---|---|---|---|---|---|
| % des sondés | .......... | .......... | .......... | .......... | .......... |

*Résoudre des problèmes en lisant et interprétant les données d'un tableau ou d'un graphique.*

## Consolidation

**1** En suivant le programme de calcul, **calcule** le quotient à un chiffre après la virgule de la division suivante.

8 6,3 1 | 5,2

- **Déplace** la virgule du dividende et du diviseur pour que le **diviseur** soit un nombre entier.
- **Effectue** la division de 863 par 52.
- Lorsque tu atteins la virgule au dividende, **place** une virgule au quotient.
- **Termine** le calcul en utilisant la technique connue.
- **Place** la virgule au reste de la division en tenant compte de sa position initiale.

**Complète.** 86,31 divisé par 5,2 → Quotient : .............. ; Reste : ....................

86,31 = (................ × 5,2) + .................

*Effectuer la division posée d'un nombre décimal par un nombre décimal.*

**2** **Calcule** le volume de ce cylindre en cm³.

**V = π × R × R × h**
**π = 3,14**

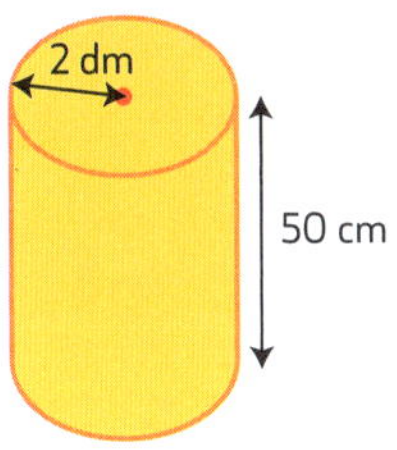


R = ......... dm = .............. cm

V = ........... × ............$^2$ × ...........

V = .................... cm³

*Calculer le volume d'un cylindre droit.*

**3** **Complète** avec « égaux », « supplémentaires » ou « complémentaires ».

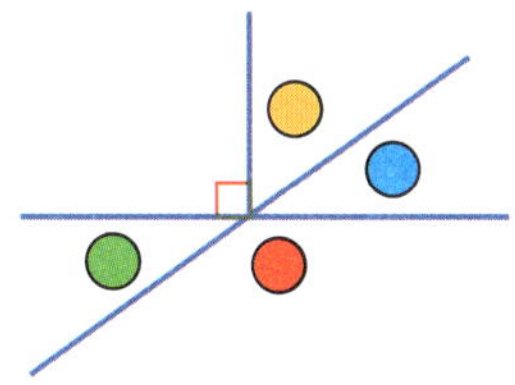

Les angles bleu et vert sont ..........................................

Les angles bleu et jaune sont ..............................

Les angles bleu et rouge sont ............................

*Trouver la relation entre les angles des figures usuelles.*

## Synthèse

### Calculer le quotient décimal au dixième près (0,1)

Si le diviseur est décimal, je le transforme en nombre entier en multipliant dividende et diviseur par le même nombre (ici × 10).

J'effectue l'opération avec la technique usuelle en plaçant la **virgule** au quotient.

Je reviens aux valeurs initiales pour trouver la valeur du reste.

```
4 5,7 8 | 6,1   →   4 5 7,8 | 6 1   →   4 5 7,8 | 6 1   →   4 5 7,8 | 6 1   →   4 5,7 6 | 6,1
                                      - 4 2 7   | 7,      - 4 2 7   | 7,5     - 4 2,7   | 7,5
                                          3 0              3 0 8                3,0 8
                                                         - 3 0 5              - 3,0 5
                                                               3                0,0 3
```

45,78 divisé par 6,1 → **Quotient à 0,1 près : 7,5** ; **Reste : 0,03**

### Calculer le volume des solides usuels

**V = a × a × a**

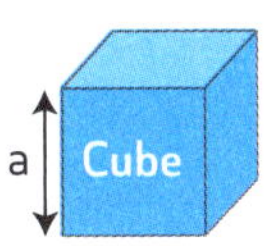


**V = L × l × h**

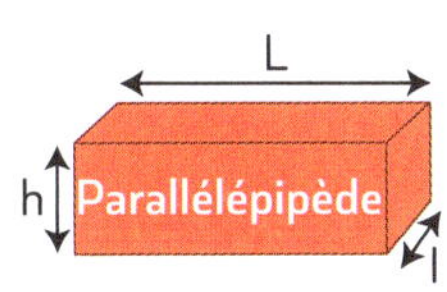


**V = π × R² × h**

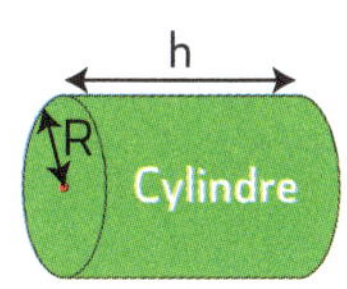


### Connaître les relations entre les angles d'une figure

**Angle droit = 90°**

Somme de deux angles complémentaires = 90°
Deux angles complémentaires forment un **angle droit**.

**Angle plat = 180°**

Somme de deux angles supplémentaires = 180°
Deux angles supplémentaires forment un **angle plat**.

Somme des **angles** d'un triangle = 180°

Somme des **angles** d'un quadrilatère = 360°

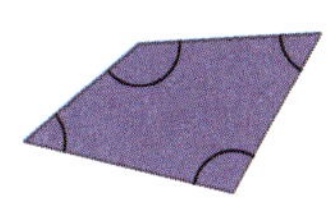

# S2 Évaluation semestrielle (2)

## Nombres et calculs

| **Objectifs des apprentissages** | **Évaluation** |
|---|---|
| 1. Effectuer la division de deux nombres entiers ou décimaux. | |
| 2. Additionner et soustraire dans le système sexagésimal. | |
| 3. Calculer une vitesse moyenne. | |
| 4. Effectuer des calculs en utilisant les échelles des plans et des cartes. | |
| 5. Donner une valeur approchée d'un nombre à virgule. | |
| 6. Calculer des puissances 2 et 3. | |

**1** **Calcule** en respectant la virgule du quotient.

| 2 0 3 9 | 2 1,6 |
|---|---|
| | ..... .....,..... |

| 6 9 4,1 | 7 5, |
|---|---|
| | ..... .....,..... |

**2** **Calcule** sur ton cahier d'exercices, puis **complète**.

6 h 48 min 27 s + 3 h 26 min 43 s

= ......... h ......... min ......... s

5 h 12 min 50 s – 2 h 25 min 20 s

=......... h ......... min ......... s

**3** Un coureur à pied effectue 9 km en montée en 1 h. Il effectue les 9 km du retour en descente en 30 min.

**Quelle est la vitesse moyenne de son parcours ?**

.......................................................................................................................................

**4** Sara prépare sa randonnée dans l'Atlas avec une carte au 1/25 000. Son trajet mesure 24 cm sur la carte.

**Quelle sera la longueur de la randonnée réelle ?**

.......................................................................................................................................

**5** Voici les 10 premières décimales du nombre π : 3,1415926535.

**Écris** une valeur approchée de π à 0,1 près par excès : ..............................................

**Écris** une valeur approchée de π à 0,001 près par défaut : ......................................

**6** **Calcule.**

$12^2$ = ......... × ......... = ...............    $50^2$ = ......... × ......... = ...............    $10^3$ = ......... × ......... × ......... = ...............

## Géométrie

| **Objectifs des apprentissages** | **Évaluation** |
|---|---|
| 7. Calculer le volume d'un cube et d'un parallélépipède. | |
| 8. Tracer une figure symétrique par rapport à un axe donné. | |
| 9. Trouver les relations entre les angles des figures géométriques usuelles. | |
| 10. Agrandir une figure dans un rapport déterminé. | |

**7** **Calcule**, en $cm^3$, le volume de cet assemblage de cubes.

..................................................

..................................................

..................................................

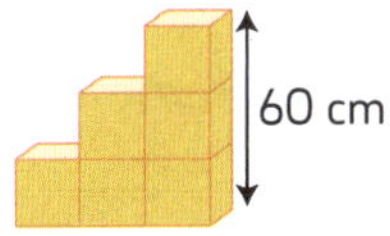


**8** **Trace** le symétrique de la figure ci-dessous.

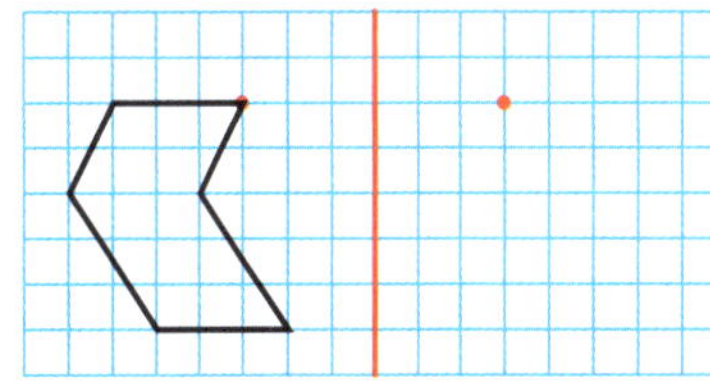

**9** **Colorie** les angles égaux d'une même couleur.
**Calcule** la valeur en degrés de chacun des angles.

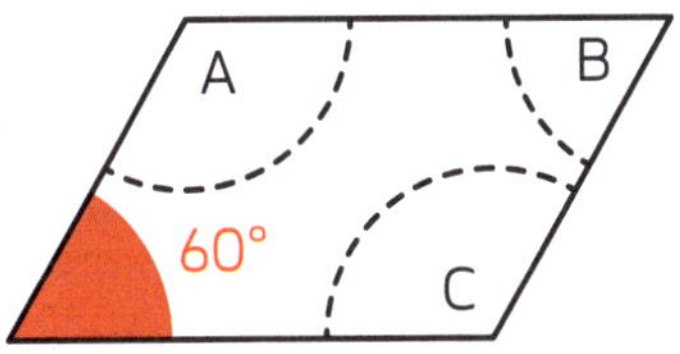


$\widehat{A}$ = ..............°

$\widehat{B}$ = ..............°

$\widehat{C}$ = ..............°

**10** **Agrandis** cette figure avec un coefficient de 200 %.

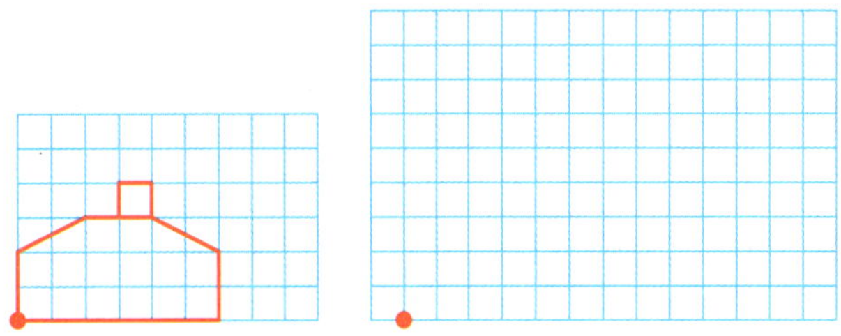

## Mesures

| **Objectifs des apprentissages** | **Évaluation** |
|---|---|
| 11. Calculer la circonférence d'un cercle. | |
| 12. Calculer l'aire d'un disque. | |
| 13. Calculer le volume d'un prisme. | |
| 14. Calculer le volume d'un cylindre. | |

**11** **Calcule** la circonférence d'un cercle de 12 cm de diamètre.

..................................................

**12** **Calcule** l'aire d'un disque de 8 m de rayon.

..................................................

..................................................

**13** **Calcule** le volume du prisme.

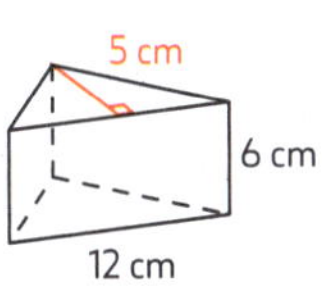


..................................................

..................................................

**14** **Calcule** le volume du cylindre.

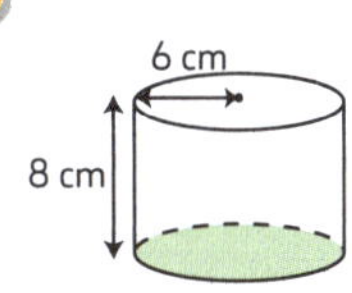


..................................................

..................................................

## Organisation et traitement des données

| **Objectif des apprentissages** | **Évaluation** |
|---|---|
| 15. Résoudre des problèmes en interprétant les données d'un diagramme circulaire. | |

**15** Ce graphique circulaire présente les réponses des 180 élèves de l'école qui ont répondu à l'enquête portant sur leur loisir préféré.

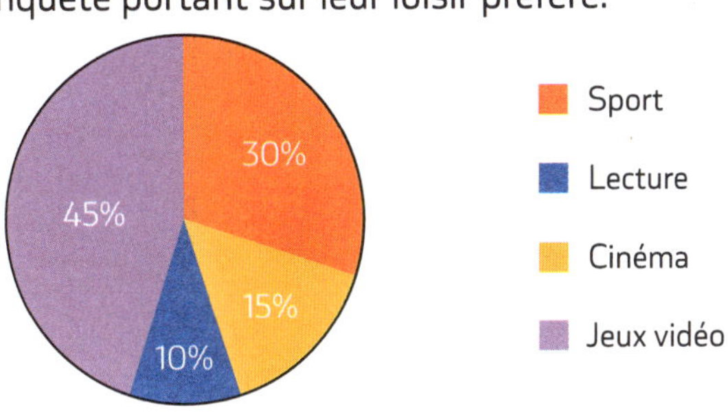


- **Range** les loisirs dans l'ordre des préférences.

..................................................

..................................................

- **Combien d'élèves préfèrent la pratique d'un sport ?**

..................................................

- **Combien d'élèves préfèrent lire ?**

..................................................

# T Traitement de fin d'année

| Objectifs de l'apprentissage | Evaluer les compétences des élèves à la fin de la sixième année. |
| --- | --- |

**Après la correction, entoure 🙂 si l'exercice est juste, 😐 partiellement juste ou ☹️ faux.**

**1** **Range** ces constructeurs d'automobiles dans l'ordre décroissant de leur chiffre d'affaires.
Ford : 149 900 000 000 $ ; Renault : 62 200 000 000 $ ; Volkswagen : 275 200 000 000 $
Peugeot : 83 600 000 000 $ ; Toyota : 280 500 000 000 $ ; Fiat : 121 100 000 000 $

..........................................................................................................

..........................................................................................................

**Quels constructeurs ont dépassé 100 milliards de dollars de chiffre d'affaires ?**

..........................................................................................................

**Combien de millions de dollars ont gagné les constructeurs suivants ?**

Fiat : ..................................................... Peugeot : .....................................................

**2** Dans une usine, une machine peut fabriquer 24 600 yaourts par jour.

**Combien cette usine peut-elle produire de yaourts en une année de 365 jours ?**

..........................................................................................................

**3** Pour l'anniversaire de Souad, sa maman veut acheter un paquet de sucettes. Mais elle ne sait pas si les enfants seront 5 ou 7. **Entoure** le paquet qu'elle doit choisir pour être sûre que toutes les sucettes seront distribuées.

**4** Zinedine a découpé une pizza. Il en donne $\frac{1}{4}$ à Samir et la moitié de ce qu'il reste à Mehdi.

**Quelle fraction de la pizza Mehdi a-t-il reçue ?**

..........................................................................................................

**Quelle fraction de la pizza Zinedine a-t-il distribuée ?**

..........................................................................................................

**5** Un filet de 2,5 kg d'oranges coûte 14,25 Dh. **Quel est le prix de 1 kg d'oranges ?**

..........................................................................................................

**6** Yanis a déposé 20 000 Dh sur un livret d'épargne qui rapporte 3,5 % d'intérêts par an.

**S'il laisse son argent sur le livret pendant 3 ans, quelle somme possèdera-t-il ?**

**Complète** le tableau ci-dessous.

| Au bout de... | 1 an | 2 ans | 3 ans |
| --- | --- | --- | --- |
| Capital (Dh) | 20 000 | .......... | .......... |
| Intérêts (Dh) | .......... | .......... | .......... |
| Somme totale | .......... | .......... | .......... |

Au bout de 3 ans, Yanis possèdera ................................ Dh.

**7** Un cycliste a parcouru 300 km en 9 h 12 min 40 s. Il a pris le départ à 8 h 30 min 45 s précisément.

**À quelle heure ce cycliste est-il arrivé au bout de son parcours ?**

……………………………………………………………………………………………

**8** **Coche** les affirmations exactes.

- ☐ $3^2 + 4^2 = (3 + 4)^2$
- ☐ $10^2 + 4^3 - 5^2 = 139$
- ☐ $12^3$ est 12 fois plus grand que $12^2$

**9** **Coche** les affirmations exactes.

- ☐ Si $(D_1) \perp (D_2)$ et $(D_1) \perp (D_3)$ alors $(D_2) // (D_3)$.
- ☐ Une bissectrice partage un angle en deux angles égaux.
- ☐ L'angle complémentaire à 45° est égal à 135°.

**10** **Calcule** le périmètre de la figure A et l'aire de la figure B.

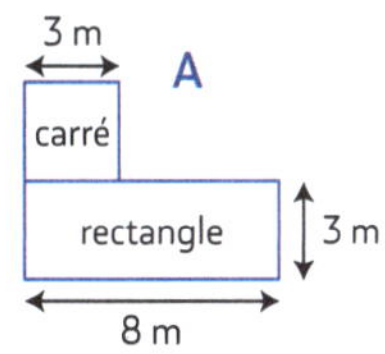


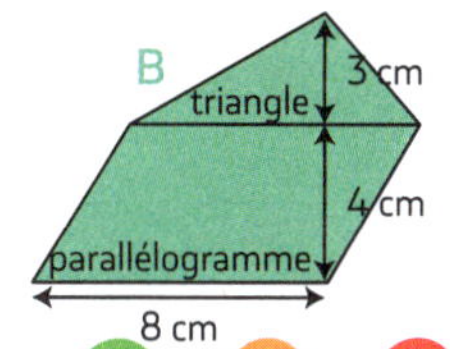


……………………………………………………………………………………………

……………………………………………………………………………………………

……………………………………………………………………………………………

**11** Un ouvrier doit peindre une colonne cylindrique de 12 m de hauteur et 2 m de diamètre. Pour commander sa peinture, il calcule l'aire de la surface à peindre : la surface latérale et le disque supérieur.

**Calcule** la surface du disque supérieur.

……………………………………………………………………………………………

**Calcule** la surface latérale de la colonne.

……………………………………………………………………………………………

……………………………………………………………………………………………

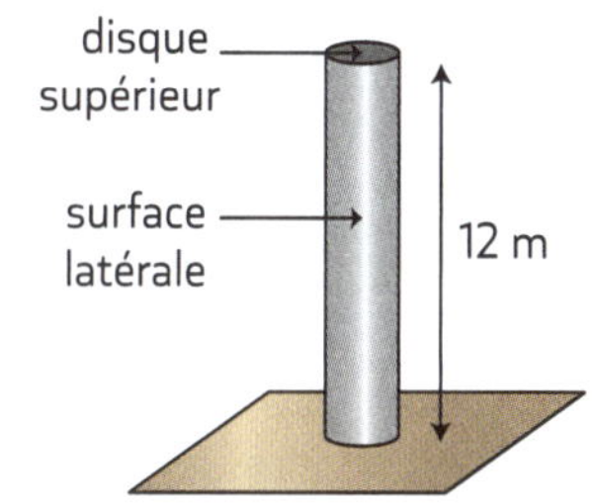


**Quelle est la surface totale à peindre ?**

……………………………………………………………………………………………

**12** Une cuve parallélépipédique mesure 1 m de longueur, 30 cm de largeur et 20 cm de hauteur.
On pose au fond de cette cuve un cylindre en métal de 80 cm de longueur et 10 cm de diamètre.

**Calcule**, en $cm^3$, le volume de la cuve et le volume du cylindre.

……………………………………………………………………………………………

**Calcule**, en $cm^3$, le volume d'eau que l'on peut verser dans cette cuve.

……………………………………………………………………………………………

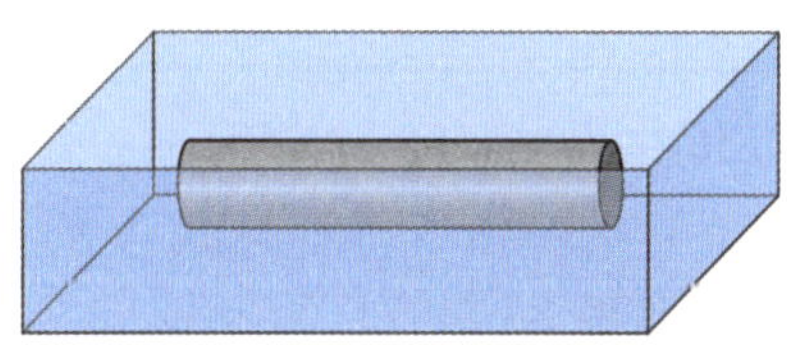

**Exprime** ce volume en L. ……………………………………………

**13** Le graphique ci-dessous représente les notes sur 5 qui ont été obtenues par un groupe de 60 élèves.

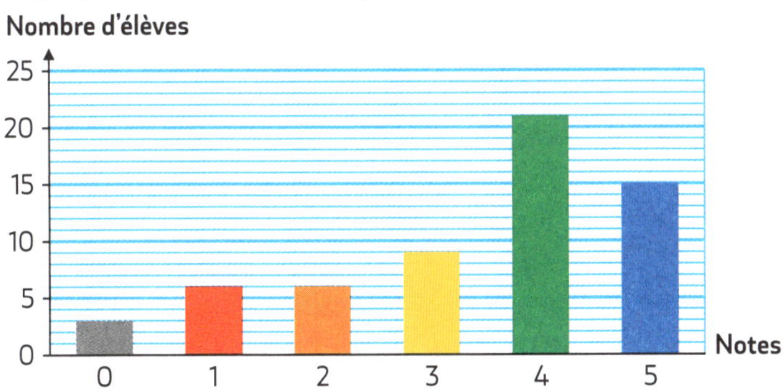


| Notes | 0 | 1 | 2 | 3 | 4 | 5 |
|---|---|---|---|---|---|---|
| % des élèves | ……… | ……… | ……… | ……… | ……… | ……… |

**Complète** le tableau en calculant pour chaque note les pourcentages d'élèves correspondants.
**Représente** ces pourcentages dans le graphique circulaire ci-dessous.

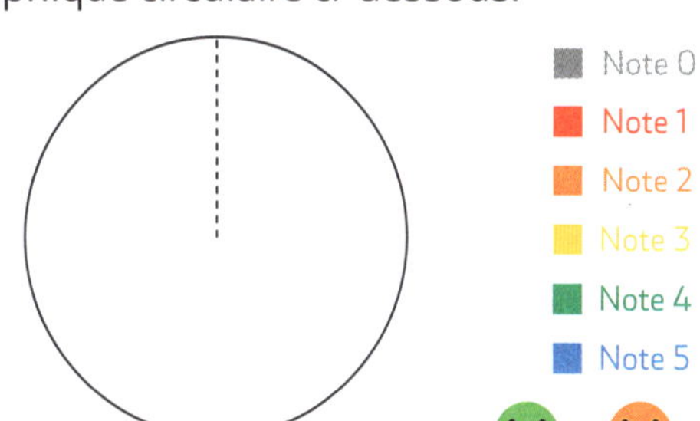

# Je lis, j'écris les nombres en chiffres et en lettres

| Classe des milliards | | | Classe des millions | | | Classe des mille | | | Classe des unités | | |
|---|---|---|---|---|---|---|---|---|---|---|---|
| c | d | u | c | d | u | c | d | u | c | d | u |
| | | 7 | 0 | 8 | 5 | 2 | 0 | 0 | 0 | 0 | 0 |

nombre de millions

7 085 200 000 € → sept **milliards** quatre-vingt-cinq **millions** deux cent **mille**

# Je connais les critères de divisibilité des nombres

- Un nombre se terminant par 0, 2, 4, 6 ou 8 est divisible par 2. C'est un **nombre pair**.
- Un nombre se terminant par 0 ou 5 est divisible par 5.
- Un nombre dont la somme des chiffres est un multiple de 3 est divisible par 3.
- Un nombre dont la somme des chiffres est un multiple de 9 est divisible par 9.

Un nombre qui n'est divisible que par lui-même et par 1 est un nombre premier.
2, 3, 5, 7, 11, 13, 17, 19, ..., 43, 47, ..., 83, 89, 97 sont des nombres premiers inférieurs à 100.

# J'additionne ou je soustrais des fractions

**Somme de deux fractions**
Pour additionner deux fractions :
– j'unifie les dénominateurs ;
– j'additionne les numérateurs.

$$\frac{7}{4} + \frac{3}{5} = \frac{7 \times 5}{4 \times 5} + \frac{3 \times 4}{5 \times 4} = \frac{35}{20} + \frac{12}{20} = \frac{47}{20}$$

**Différence entre deux fractions**
Pour calculer une différence entre deux fractions :
– j'unifie les dénominateurs ;
– je calcule la différence entre les numérateurs.

$$\frac{7}{4} - \frac{3}{5} = \frac{7 \times 5}{4 \times 5} - \frac{3 \times 4}{5 \times 4} = \frac{35}{20} - \frac{12}{20} = \frac{23}{20}$$

# Je multiplie ou je divise des fractions

**Produit de deux fractions**
Pour multiplier deux fractions :
– je multiplie les numérateurs entre eux ;
– je multiplie les dénominateurs entre eux.

$$\frac{7}{4} \times \frac{3}{5} = \frac{7 \times 3}{4 \times 5} = \frac{21}{20}$$

**Quotient de deux fractions**
Pour diviser deux fractions,
je multiplie la première par l'inverse de la deuxième.

$$\frac{7}{4} \div \frac{3}{5} = \frac{7}{4} \times \frac{5}{3} = \frac{7 \times 5}{4 \times 3} = \frac{35}{12}$$

# Je multiplie deux nombres décimaux

Pour multiplier 13,45 par 2,6 :

– J'effectue l'opération sans tenir compte des virgules.

– Je place la virgule dans le résultat en comptant le nombre total de chiffres après la virgule dans les nombres à multiplier.

➔ 13,45 × 2,6 = 34,970

| | | | | | |
|---|---|---|---|---|---|
| | | 1 | 3, | 4 | 5 |
| × | | | | 2, | 6 |
| | | 8 | 0 | 7 | 0 |
| + | 2 | 6 | 9 | 0 | 0 |
| = | 3 | 4, | 9 | 7 | 0 |

# Je calcule un quotient décimal

Si le diviseur est décimal, je le transforme en nombre entier en multipliant dividende et diviseur par le même nombre (ici × 10).

J'effectue l'opération avec la technique usuelle en plaçant la virgule au quotient.

Je reviens aux valeurs initiales pour trouver la valeur du reste.

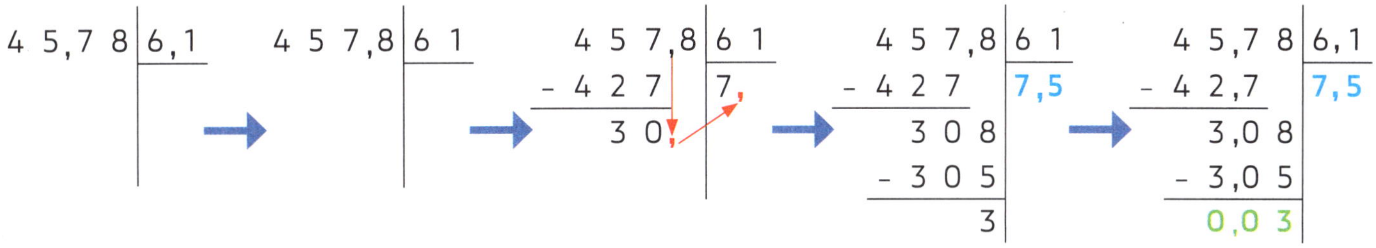


45,78 divisé par 6,1 ➔ Quotient à 0,1 près : 7,5 ; Reste : 0,03

# J'additionne ou je soustrais des durées

**Pour additionner des durées,** je calcule, puis je convertis.

| | | | | |
|---|---|---|---|---|
| | 2 h | 47 min | | |
| + | 3 h | 35 min | Conversion | |
| | 5 h | 82 min | ➔ | 6 h 22 min |

**Pour soustraire des durées,** je convertis, puis je calcule.

| | | | Conversion | | | |
|---|---|---|---|---|---|---|
| | 42 min | 15 s | ➔ | | 41 min | 75 s |
| – | 17 min | 48 s | | – | 17 min | 48 s |
| | ? | | | | **24 min** | **27 s** |

# Je calcule un taux d'intérêt

Je calcule le **taux d'intérêt** d'un capital initial de 10 000 Dh, qui a rapporté 450 Dh d'intérêts.

$$\text{Taux d'intérêt} = \frac{\text{Intérêts rapportés}}{\text{Capital initial}} = \frac{450\text{ Dh}}{10\,000\text{ Dh}} = \frac{4,5}{100} = 4,5\ \%$$

## Je connais les formules de la circonférence du cercle et de l'aire du disque

$\mathscr{C}_{\text{cercle}} = \pi \times \text{diamètre}$

$\text{Aire}_{\text{disque}} = \text{rayon} \times \text{rayon} \times \pi$

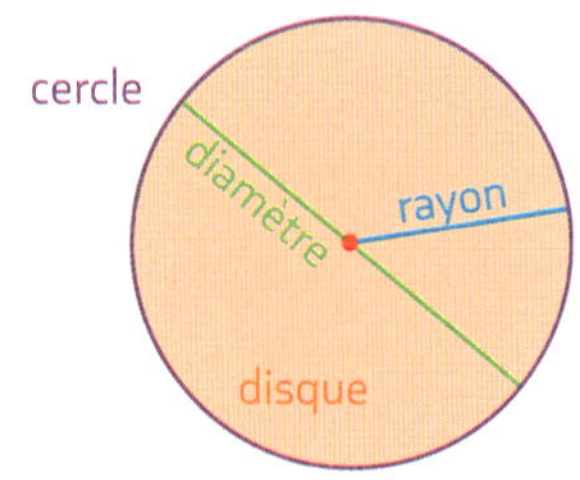


$\pi = 3{,}14$

## Je connais les formules de l'aire latérale et de l'aire totale des solides droits

$A_{\text{latérale}} = \text{Périmètre}_{\text{base}} \times \text{hauteur}$

$A_{\text{totale}} = A_{\text{latérale}} + (\text{Aire}_{\text{base}} \times 2)$

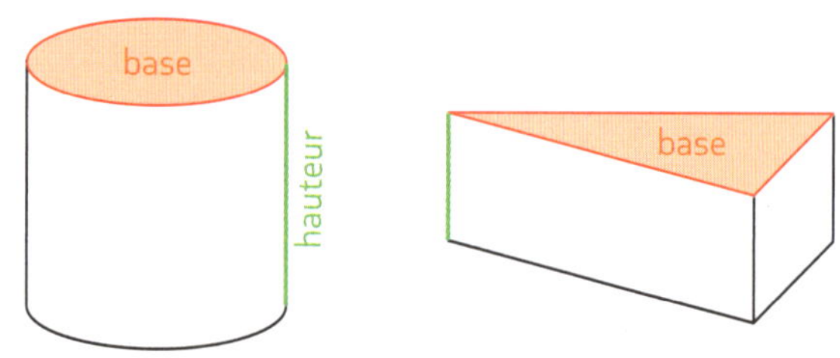


## Je connais des unités de volume et leurs relations avec les unités de capacité

$m^3$ : mètre cube → Volume d'un cube de 1 m de côté
$dm^3$ : décimètre cube → Volume d'un cube de 1 dm de côté
$cm^3$ : centimètre cube → Volume d'un cube de 1 cm de côté

**$1\ m^3 = 1\,000\ dm^3 = 1\,000\,000\ cm^3$**

$1\ dm^3 = 1\ L$ → **$1\ m^3 = 1\,000\ L = 10\,000\ dL = 100\,000\ cL = 1\,000\,000\ mL$**

## Je connais les formules du volume des solides usuels

### Volume du cube

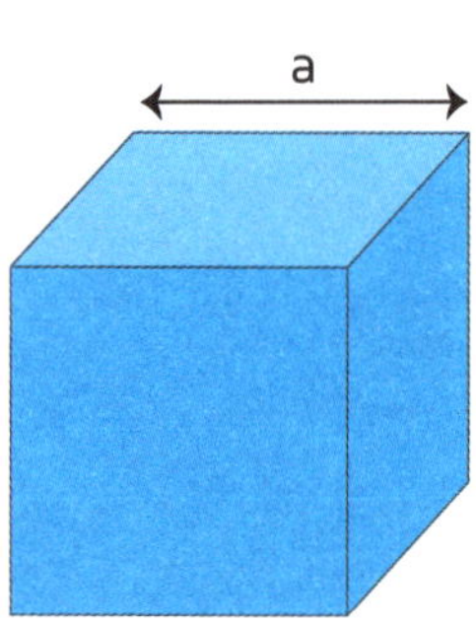


$V = a \times a \times a$

### Volume du parallélépipède

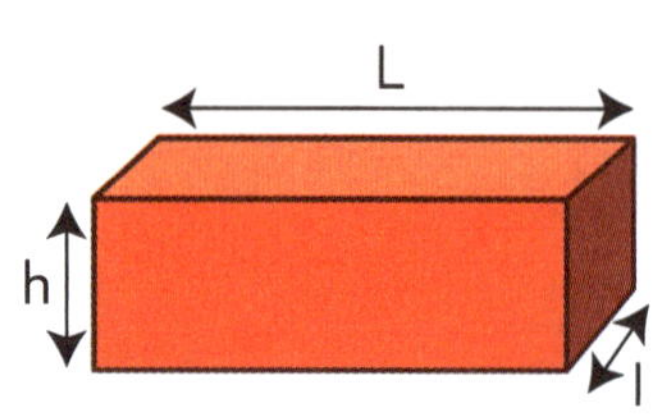


$V = L \times l \times h$

### Volume du cylindre

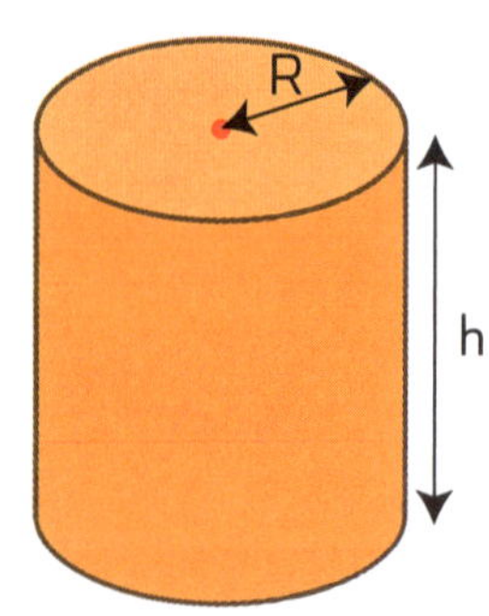


$V = \pi \times R^2 \times h$

# Je trace une perpendiculaire ou une parallèle à une droite, passant par un point connu

**Pour tracer une perpendiculaire :**

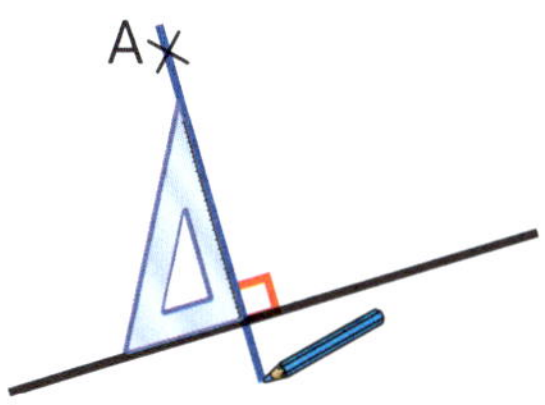


**Pour tracer une parallèle :**

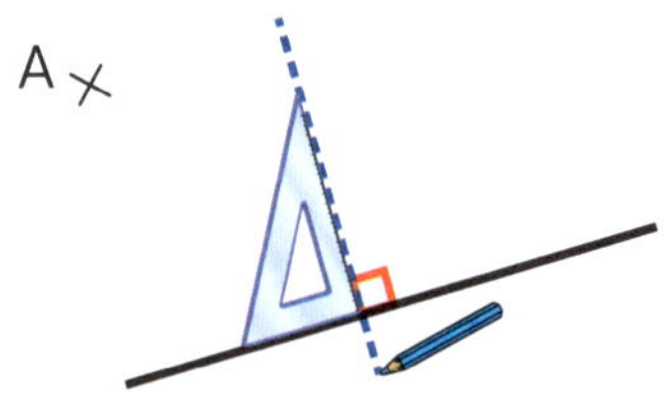


Étape 1

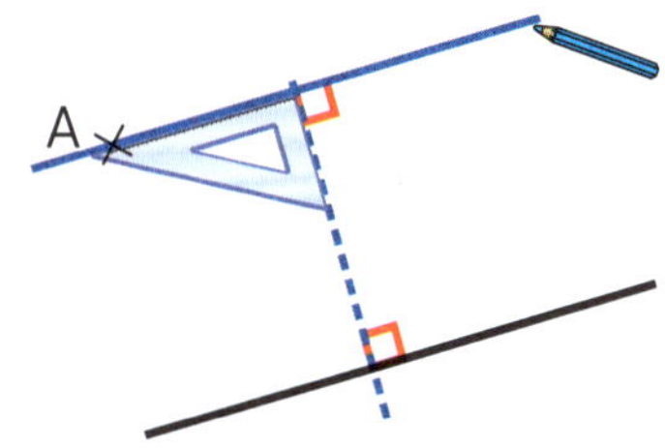


Étape 2

# Je trace la bissectrice d'un angle

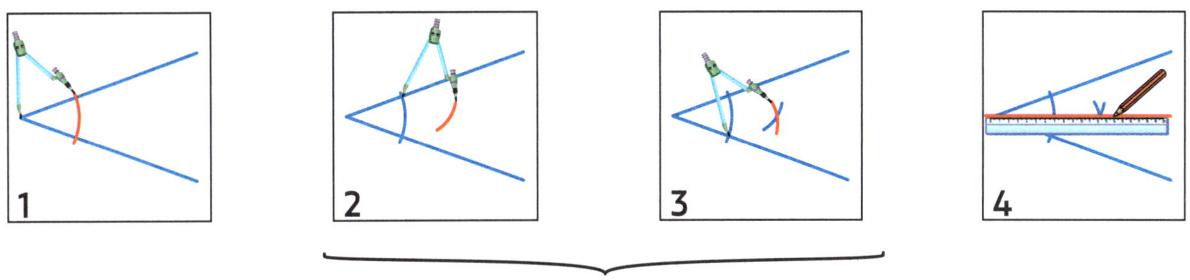


Je conserve le même écartement du compas.

# Je connais les relations entre les angles dans les figures usuelles

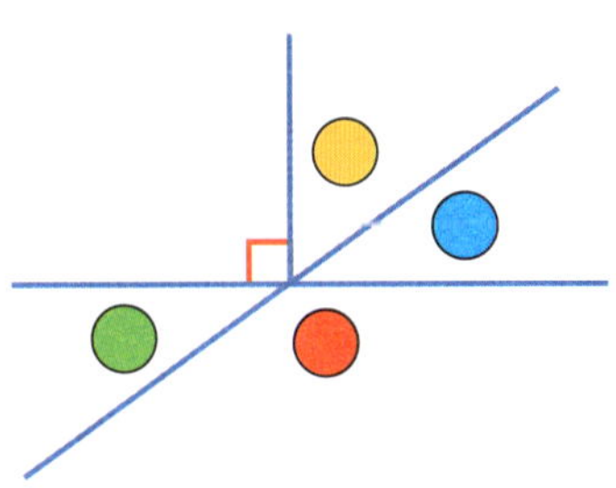

**Angle droit = 90°**
Deux angles complémentaires forment un **angle droit**.

**Angle plat = 180°**
Deux angles supplémentaires forment un **angle plat**.

Les angles **bleu** et **vert** sont égaux.
Les angles **bleu** et **jaune** sont complémentaires
Les angles **bleu** et **rouge** sont supplémentaires.

Un tour complet représente un angle de 360°.

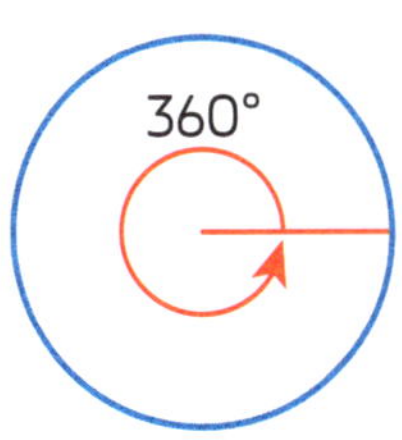


La somme des **angles** d'un triangle est égale à 180°.

La somme des **angles** d'un quadrilatère est égale à 360°.

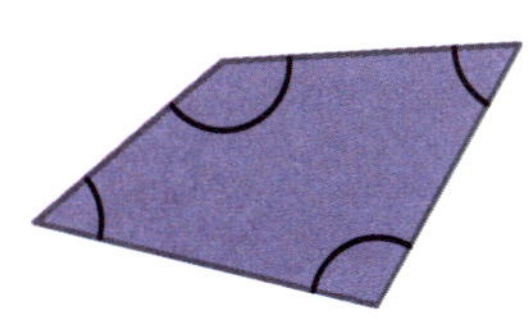

**Crédits photographiques :**
**page 11 :** © idesign2000 – Fotolia ; **page 15 :** © mariesacha – stock.adobe.com. ; **page 16 :** © Antony McAulay – Fotolia.

**Police SG STYLO © 4 HEURES 21/11/2003**

**Création de la maquette de couverture :** Florence Le Maux
**Exécution de la maquette de couverture :** Médiamax
**Création de la maquette intérieure :** Florence Le Maux
**Mise en pages :** Médiamax
**Illustrations :** Laure Cacouault, Sylvain Frécon (Mathix)
**Dessins techniques :** Jacky Choi, Anaïs Thibaud
**Fabrication :** Marc Chalmin
**Relecture :** Élisabeth Thebaud
**Édition :** Thierry Amouzou

PAPIER À BASE DE FIBRES CERTIFIÉES

hachette s'engage pour l'environnement en réduisant l'empreinte carbone de ses livres. Celle de cet exemplaire est de :
**0,583 kg éq. $CO_2$**
Rendez-vous sur www.hachette-durable.fr

ISBN : 978-2-01-711564-9



www.hachette-education.com



Achevé d'imprimé en Italie par L.E.G.O. S.p.A. Lavis (TN) - Dépôt légal : Mars 2021 - Collection n° 85 - Édition n° 01 - 73/3126/6